TAIVAALLISTA LUONNONTIEDETTÄ

Tauno Olavi

Taivaallista luonnontiedettä

Uskomaton pakinakokoelma kristinuskon ja luonnontieteitten suhteesta ajanlaskun alusta nykyaikaan

1SBN 978-952-498-652-6
Kustantaja: Books on Demand GmbH, Helsinki, Suomi
Valmistaja: Books on Demand GmbH, Norderstedt, Saksa

Sisältö

Esipuhe

Sain kimmokkeen kirjoittaa tämän pakinakokoelman luettuani Tapio Puolimatkan kirjan Usko, tiede ja evoluutio, jossa hän esitteli kristittyjen filosofien kehittelemiä ajatuksia uskonnon ja tieteen suhteesta. Kristillinen maailmankuva oli hänen mielestään välttämätön edellytys sille, että moderni tiede pystyi syntymään. Kirjaa lukiessa mieleeni tuli eräs elokuva-arvostelu, jossa kriitikko totesi ihaillen, miten elokuvassa kerronnan rauhallisen kulun katkaisevat äkilliset väkivallan purkaukset. Puolimatkan kirjassa asialliset tieteen filosofiaa käsittelevät jaksot sisältävät Vern S. Poythressiltä otetun lainauksen kaltaisia väitteitä: "Kaikki tieteentekijät - mukaan luettuna agnostikot ja ateistit - uskovat jumalaan. Heidän on uskottava voidakseen tehdä työtään." Moiset väitteet ovat raakaa henkistä väkivaltaa eikä niissä mitään kehumista ole. Hyvä puoli on se, että jos moisia lausahduksia esitetään vakavasti otettavina, niistä eri mieltä olevan pakinoitsijankaan ei tarvitse kantaa huolta omien väitteittensä uskottavuudesta.

Puolimatka on kirjoituksissaan syyttänyt materialisteja huonosta loogisesta ajattelusta ja korostanut, miten hienosyistä logiikkaa Alvin Plantingan kaltaiset teistifilosofit Richard Dawkinsiin tai David Humeen verrattuina käyttävät. Kysymyksessä ovat Jumalan olemassaoloon liittyvät väitteet, joiden oikeaksi todistaminen ei logiikan avulla onnistu. Looginen todistelu lähtee oletuksista, premisseistä. On ihan sama, miten hienoa ja pitkälle vietyä päättely on, sillä tuloksen totuus riippuu siitä, mitä todistelun lähtökohdat ovat. Niitten oikeaksi osoittaminen on asian ydin ja se on mahdollista vain luonnontieteitten keinoin.

Kautta aikojen kristinuskon tärkein maailmankaikkeutta koskeva sisältö on otettu sen luomiskertomuksesta. Kristinusko syntyi ja levisi maissa, joitten filosofiset ja tieteelliset opit tulivat kreikkalaisilta. Näiden opit sekoittuivat juutalaisten uskonnosta saatuun materiaaliin ja vaikuttivat siihen, miten kristityt suhtautuivat tieteeseen ja mitä oppeja he tällä saralla alkoivat harrastaa.

Tieteessä ja uskonnoissa on kyse maailmankaikkeuden ymmärtämisestä. Kysymys tämän mahdollisuudesta on mietityttänyt ajattelijoita siitä lähtien, kun ensimmäiset tieteen ja filosofian pioneerit alkoivat luonnon toimintaa tajuta. Jos teistifilosofeja on uskominen, mietiskelijä menneisyydessä ensin huomasi, että joitain luonnon tapahtumia voi ennustaa ja ryhtyi sitten pohtimaan, miksi niin oli. Jos hän ei keksinyt asialle perusteluja, hän jätti homman sikseen. Jos hän (nähtävästi ainakin joku teki niin) keksi päätellä, että Jumala luodessaan maailmankaikkeuden ja ihmisen antoi samalla ihmiselle kyvyn tajuta luonnon toimintaa (hyväntahtoinen kun on), hän iloisena jatkoi ymmärtämistään. Jos niin teki myös filosofi, joka ei ymmärtänyt, miksi ymmärsi, hän, vaikka ymmärsi, ymmärsi väärin perustein, mikä on niin väärin.

Kreikan filosofit kehittivät ajattelumallin, jossa jumalien vaikutus luonnon kulkuun hylättiin. Platon käänsi asian päälaelleen ja selitti, että luonnon säännönmukainen toiminta oli mahdollista vain, jos jumala oli sen siihen asettanut. Se sopi hyvin kristinuskon oppeihin. Niinpä nykyisinkin Jumalan olemassaoloa perustellaan filosofisesti seuraavalla ajatuskululla: a) tiedetään luonnon olevan ymmärrettävissä b) käydään läpi tälle kehitetyt tieteelliset perustelut ja julistetaan ne pätemättömäksi c) todetaan Jumala ainoaksi mahdolliseksi selitykseksi.

Seuraava askel on selittää, miksi Jumala on ymmärrettävissä. Tieteen aikakaudella tässä on se ongelma, että jos Jumalan julistetaan olevan täysin järjen tavoitettavissa ja samalla annetaan Hänelle selkeät ominaisuudet, Hänen olemassaolonsa voidaan kyseenalaistaa. Kaikkeen pystyvä ja kaiken tietävä Jumala on jo looginen mahdottomuus. Jumalaa on iät ajat suojattu, ainoalla pätevällä tavalla, julistamalla Hänet järjen tavoittamattomiin. Toisaalta Jumalan sanotaan vaativan ihmisiltä palvontaa ja tarkkojen käskyjen noudattamista, minkä perusteleminen puolestaan edellyttää käsittämättömän olennon suunnasta tulevaa käsitettävissä olevaa informaatiota.

Kuvitellaanpa hetki filosofia, joka miettii kaiken alkuperää ja tulee tulokseen, että tosiolevainen on Yksi, jolla ei ole mitään ominaisuuksia ja josta ei voi tietää mitään. Jos hän on ehdottoman johdonmukainen, hän tässä vaiheessa toteaa, että tästä Yhdestä ei voi edes tietää, että siitä ei voi tietää mitään. Filosofien intohimo on saattaa aatteensa julki, joten hän alkaa työstää teosta tästä suuresta totuudesta. Hän asettaa opuksensa nimeksi Tosiolevaisen tosiolemus. Muuta tekstiä kirjassa ei sitten olekaan. Hän vie tämän teoksen kustantajalle, joka toteaa varovasti, että kirjaa on kenties hankala myydä. Filosofi inttää, että kirja julistaa kumoamatonta totuutta ja että siinä on koko hänen elämäntyönsä ytimekkäässä muodossa. Kustantaja toteaa, että kyllä tästä, mistä ei voi mitään sanoa, täytyy muutama sata sivua tarinaa iskeä, muuten kirjaa ei kannata julkaista. Lisäksi kukaan ei usko, ettei tämä Ei-mitään anna ihmiselle hyviä elämänohjeita, joita noudattamalla hän pääsee lähelle tätä Ei-mitään. Ja onhan Se hyväntahtoinen, eikö olekin?

Filosofi ei olisi filosofi, ellei hän antaisi periksi ja selittäisi vuolain sanoin tietämättömän olemusta, varsinkin sitä, miten tästä, mistä ei voi mitään tietää, saadaan tietoa. Muut filosofit tarttuisivat aiheeseen ja väittäisivät, että Ykseyden filosofi on väärässä ja perustelisivat sitä tarkoilla analyyseillä tietämättömän olemuksesta.

Haluan siis sanoa asiasta, josta ei voi tietää mitään, oman mielipiteeni luomalla pakinanomaisen katsauksen tieteen ja kristinuskon kanssakäyntiin kristinuskon synnystä nykypäivään. Teistifilosofit (ikäviä ihmisiä nuo) puhuvat tieteen syntyä uskonnon antamalta pohjalta todistellessaan kristinuskosta ja vakuuttavat, että mikään muu uskonto ei kelpaa. Väitteen täytyy siis nojata osittain kristinuskon erityispiirteisiin, Jeesukseen ja kolminaisuus- ja inkarnaatio-oppien kaltaisiin dogmeihin.

Jos Jumala on olemassa, teologia on luonnontiede siinä missä fysiikkakin. Ehkä biologia olisi parempi rinnastus, mutta vältän sitä kohteliaisuuden vuoksi, sillä se on teistien eniten kammoama tieteen haara. Käsitys siitä, mitä tiede on, pohjautui Aristoteleen n. 350 vuotta eaa kehittämään aksiomaattiseen malliin. Sen mukaan ensin, havaintojen perusteella, luotiin kunkin tieteen alan ensimmäiset premissit (aksioomat). Näistä johdettiin loogisesti tieteen teoreemat. Ensimmäisten premissien piti olla "ehdottoman varmoja", mikä käytännössä tarkoitti, että ne vain jotenkin katsottiin tiedetyiksi. Siinä mielessä teologia oli "varmin" tieteen ala, sillä Jumalan olemassaoloa ja uskon aksioomat antavaa ilmoitusta ei epäilty.

Aristoteleelta oppineet saivat tieteellisen ajattelun vaatimat välineet, niiden joukossa logiikan. Hänen kosmologiansa sisälsi universumin maakeskisen mallin, jossa planeetat liikkuivat omiin pallonkuoriinsa sidottuina Maan ympäri. Aristoteleen fysiikka sisälsi ajatuksen uloimmalla kuorella majailevasta liikkumattomasta liikuttajasta, jonka tutkimista filosofi kutsui teologiaksi. Kristityt tiedemiesmäisesti ajattelevat oppineet yhdistivät omat enkelinsä ja Jumalansa taivaallisia pallonkuoria pyörittäviin henkisiin olentoihin, mikä samalla tarkoitti astronomian uskonnollistamista niin, että se jarrutti sen kehitystä vuosisatojen ajan. Aristotelesta on pidetty modernin tieteen synnyn pahimpana esteenä. On kuitenkin turha syyttää filosofia siitä, että hänen lähes 2000 vuotta vanhoja luonnontieteellisiä käsityksiään pidettiin vielä 1500-luvulla uskon dogmien kaltaisina. Tiede oli uskonnon käsityksiin liittyvien sisältöjensä kautta kirkon ja valtiovallan "suojeluksessa" niin, että myös puhtaasti tieteelliset käsitykset saatettiin julistaa uskonnonvastaisiksi. Pahimmillaan se tiesi niiden esittäjille kuolemantuomiota.

Kristinuskon teologia alkoi menettää luonnontieteen asemaansa uskonpuhdistajien, varsinkin Lutherin 1500-luvulla, hylätessä Aristoteleen logiikan käytön uskon opeista. Samalla kirkon vaikutusvalta väheni muistakin syistä, mikä tarkoitti myös tieteen vapautumista. Kirkko pystyi estämään ilmoituksen absoluuttisen varmuuden julkisen epäilyn noihin päiviin saakka. Alamäki alkoi, kun deistit vaativat, että ilmoituksen sijaan uskon oppien piti perustua järkeen. Luonnonteologit puolestaan kehittivät nykyaikanakin vireänä kukoistavan tavan selittää luonnonihmeet selittämättöminä tyyliin "on mahdotonta käsittää, miten tuo ja tuo on kehittynyt ilman suunnittelijaa (Jumalaa)".

Keskiajan skolastikot olivat järjen miehiä, jotka selittivät myös uskon dogmeja rationaalisen ajattelun avulla. Huomattuaan, että kolminaisuusoppi ei järkeen käynyt, he myöntyivät pitämään dogmeja järjen ulottumattomissa olevina, mutta silti tosina. Näin järki pysyi uskon aisoissa. Deistit kehittivät lopulta uskonnon puolikkaan toteamalla, että Jumalan vaikutus maailmaan rajoittui luomisaktiin. Luonnonteologien väitteitten pohjan tuhosi Darwin darwinismillaan luomalla selityksen suunnittelusta ilman suunnittelijaa luonnonvalinnan ohjaaman kehityksen myötä.

Kristittyjen tärkein luonnontieteellinen teos ennen 1100-lukua jaa oli Platonin Timaios, joka sisältää alkeellisia käsityksiä luonnosta ja kosmologiasta. Tästä ja Raamatun luomiskertomuksesta tehtiin synteesi, jota kristinuskon alkuvuosisatojen kreikkalaista filosofiaa osaavat oppineet kehittivät edelleen. Nykyisin tiedettä osaavat teistit jatkavat samaa perinnettä. Lähdetään siitä, että Raamatun luomiskertomus on ehdottoman tosi ja yritetään väkisin vääntää fysiikan ja kosmologian oppeja siihen soveltuvaksi. Puuha on hurskasta ja runsaasti mammonaa ex nihilo tuottavaa, mutta tiedettä se ei ole. Kunnianhimoisin yritys sisältyy fyysikko Frank J. Tiplerin kirjoihin The Physics of Immortality (1995) ja The Physics of Christianity (2007), joissa tämä väittää, että kristinusko on täysin fysiikan kaltainen kokeellisesti testattavissa oleva luonnontiede. Senkin heikko kohta on Raamatun sanan ja kolminaisuusopin pitäminen totena, mistä lähtökohdasta ei ole mitään mahdollisuuksia tuottaa pätevää tiedettä.

Kokoelman luonteesta

Tavoitteenani oli kirjoittaa tieteellisiä pakinoita. Tarkoitus ei ole ollut luoda kattavaa esitystä aiheesta, vaan esittää väläyksiä sieltä täältä. Vakuutan myös, että olen ottanut käyttämistäni lähdekirjoista vain ne faktat, jotka puoltavat näkemyksiäni. Olen hyväntahtoinen enkä halua hämmentää lukijaa tarpeettomilla ristiriitaisuuksilla.

Ockhamin partaveitsi

Jos jonkin asian selittäminen käy liian monimutkaiseksi (tai kun tarinointi menee liian tekniseksi ollakseen enää pakinaa), käytän Ockhamin partaveistä. Se tarkoittaa, että kun kaksi kilpailevaa teoriaa pystyy selittämään tietyn ilmiön riittävän hyvin, niistä yksinkertaisempaa tulee pitää parempana. Kyseessä ei ole menetelmä, joka aina johtaa oikeaan, vaan pelkkä työskentelyohje. Wittgenstein esitti siitä oman versionsa: "Ratas, jota voi kääntää ilman, että mikään muu osa liikkuu sen mukana, ei kuulu koneeseen."
Tämän periaatteen rikkominen on uskonnollisten selitysten yleinen synti. En ole kristitty eikä termi synti sovellu uskonnottoman tekoihin, joten voin soveltaa sääntöä synnittömästi. Jos partaveitsikään ei riitä, turvaudun tehokkaaseen hätäkeinoon ja julistan asian järjen yläpuolella olevaksi.

Porsaslogiikka

Yksi teemoistani on se, että logiikalla ei olemassaoloväitteitä pystytä todistamaan. Pascal Boyerin kirjassa Ja ihminen loi jumalat kerrotaan kwaioista, jotka uskovat esi-isien henkiin adaloihin. Jos lapsi sairastuu, he olettavat jonkin esi-isän suuttuneen. Tietäjä yrittää selvittää, kuka adalo siellä kiukuttelee. Tälle uhrataan porsas. Jos lapsi ei parane, ajatellaan, että adalo oli väärä ja uhrataan jollekin toiselle. Prosessia jatketaan, kunnes lapsi paranee tai kuolee. Usko ei joudu epäilyn alaiseksi, vaikka voi olla, että tietäjän ammattitaito joutuu. Ajattelun johdonmukaisuudessa ei sinänsä ole mitään vikaa. Kutsun tällaista ajattelua porsaslogiikaksi. Esitän siitä esimerkkejä ja sovellan sitä itsekin, jos normaali logiikka ei riitä.

Osa I Kristinuskon ja antiikin filosofian liitto

Luku 1 Logos synnyttää tieteen

Kreikkalaiset filosofit kuvittelivat ymmärtävänsä kosmosta, vaikka eivät todella ymmärtäneet, koska eivät olleet kristittyjä. He ottivat käyttöön idean Logoksesta, jonka kristityt myöhemmin inkarnoivat Jeesukseksi. Logoksella tarkoitetaan yleensä "sanaa" (kristityillä Sanaa) , mutta järki tai rationaalinen periaate ovat parempia vastineita. Herakleitos 500-luvulla eaa sanoi, että maailmaa hallitsi tulenkaltainen jumalainen voima, joka tuottaa luonnon kulussa havaittavan järjestyksen. Hän piti logosta ihmisen järjen kaltaisena ja uskoi ihmisen ajattelunsa kautta ottavan osaa tähän logokseen.

Stoalaiset (300 eaa alkaen) kehittivät ajatuksen aktiivisesta prinsiipistä, logoksesta (pneumasta, hengityksestä), joka tunkeutui kaikkeen ainekseen. Se oli kaiken kosmoksessa esiintyvän vitaliteetin ja rationaalisuuden lähde. Se oli samalla sekä järki että jumala. Stoalaiset tekivät siis logoksesta jumalan, toivat sen Maan pinnalle, mutta jättivät personoimatta ja palauttamatta taivaaseen.

Logoksella oli stoalaisten mukaan eri tasoja. Alimmalla tasolla se toimi elottomia kappaleita yhteen sitovana voimana.   Kasveille ja eläimille se antoi niiden elolliset ominaisuudet. Ihmiset saivat siltä rationaalisuuden, mikä tarkoitti samalla logoksen käsittämistä ihmisen sieluna. Myös kosmoksella oli sielu, joten sitäkin pidettiin elävänä olentona.

Tieteen synty

Tieteen kannalta edistynein filosofian haara näin jälkiviisauden valossa oli atomismi. Epikuros (k. 270 eaa.) kannatti Demokritoksen oppia, jonka mukaan todellisuus voitiin jakaa kahteen osaan: äärettömään määrään jakamattomia atomeja ja tyhjään tilaan, jossa ne liikkuivat. Maailmoja oli rajaton määrä ja universumi rajaton. Atomeilla oli suuri määrä erilaisia muotoja, ne olivat jatkuvassa liikkeessä ja niillä oli paino. Värin ja lämpötilan kaltaiset ominaisuudet kuuluivat atomien muodostamille yhdistelmille eikä niille itselleen.

Atomit koostuivat vielä pienemmistä osista, joita kussakin atomissa oli

rajattu määrä. Atomien koko määräytyi näiden osien määrän mukaan. Näitä minimiosia ei voinut ajatella atomeista erillään, joten siinä mielessä atomi oli jakamaton. Nykyajan käsityksen mukaan atomin ydin koostuu kvarkeista, jotka universumin nykyisissä lämpötiloissa eivät voi esiintyä erillään, joten jos haluaisin, voisin todeta haltioituneena, että " jo tuohon aikaan materialistit ..."
Epikurolaisuuden ateistinen maine johtuu siitä että vaikka he uskoivat jumalien olemassaoloon, he ajattelivat, että jumalat eivät mitenkään ihmisen elämään puuttuneet. Roomalainen runoilija Lucretius kirjoitti v. 50 paikkeilla eaa. kirjan Maailmankaikkeudesta, jossa hän esitteli epikurolaisen käsityksen maailman menosta. Kirjassa torjutaan käsitys, jonka mukaan taivaankappaleitten säännölliset liikkeet perustuvat jumalien ohjaukseen. Tilalle tarjottu materialistinen selitys oli niin surkea, että aikalaiset hylkäsivät sen. Voimme siis hyvällä syyllä pitää uskontoa syyllisenä siihen, että myös atomioppi hylättiin. Uuden tieteen synty perustui osittain atomiopin omaksuneeseen mekanistiseen filosofiaan, joten se olisi kehittynyt kenties aikaisemmin, jos atomioppi olisi hyväksytty jo tuolloin.
Filosofien opit sisälsivät käsityksiä aineesta ja tiedon saamisen mahdollisuuksista. Filosofiasta erillään olevasta tieteestä puhuminen on kyseenalaista, vaikka sen sanotaankin syntyneen 600-luvulla eaa. kreikkalaisen filosofin Thaleen toimesta. Jos teknologia luettaisiin tieteen osaksi, alku siirtyisi miljoonien vuosien taakse, kenties aikaan, jona joku alkuihminen (ensimmäinen tekninen neromme?) keksi murjoa kanssa-alkuihmisensä kallon kivellä. Koska haluan syyllistää tekniikan tieteen asemesta sotaaseitten kehittelystä, katson sen tieteen saavutuksia väärinkäyttäväksi loiseksi.
Toinen tieteen kehityksen vaihe sijoitetaan 1500-1700 väliseen aikaan. Sitä kutsutaan tieteen vallankumoukseksi, koska tuolloin modernin tieteen sanotaan ottaneen ensiaskeleensa.
Sen synnyn ajankohdasta tarjoan seuraavat vaihtoehdot, jotka kaikki ovat oikeita:

1) Aleksandriassa 100-luvulle eaa. mennessä
2) Muhamettilaisten oppineitten toimesta 1000-luvun alkupuolella
3) Kristittyjen tiedemiesten toimesta 1500-1600-luvuilla

4) Mitään modernia vanhasta oleellisesti eroavaa tiedettä ei ole. Kyseessä ovat vain erot kehityksen tasossa.

5) Tiedettä ei ennen 1600-lukua ollut olemassa.

6) Kun jotain moderniksi tieteeksi kutsuttua syntyy, se lakkaa saman tien olemasta modernia, joten sen synty on looginen mahdottomuus.

Aleksandria ja tiede

Egyptin Aleksandria on sekä tieteen että kristinuskon kannalta tärkeä kaupunki. Sinne perustettiin 300-luvulla eaa. Aleksandrian museo, mikä oli hallitsijoiden mesenoima tieteen tutkimuskeskus. Museossa eri alojen edustajat saivat stipendien turvin harjoittaa tieteitään ilman opetusvelvollisuutta.   Laitos koostui huoneista, luentosaleista, lääketieteellisestä leikkausstudiosta, puutarhoista, eläintarhasta, observatoriosta ja kirjastosta, jossa väitetään enimmillään olleen 700 000 papyrysrullaa. Museo toimi 700 vuoden ajan. Sen tuhoamiseen syylliset riippuvat siitä, mikä taho (kristityt, muhamettilaiset vai uskonnottomat) ne nimeää. Viimeinen tiedossa oleva stipendiaatti oli ensimmäinen tunnettu naispuolinen matemaatikko Hypatia, jonka kristityt fanaatikot murhasivat v. 415 jaa. Bertrand Russellin kuvauksen perusteella lynkkaus tapahtui hyvin kristillisesti, ainakin paikan suhteen. "Hänet vedettiin alas vaunuista, riisuttiin alastomaksi ja laahattiin kirkkoon, missä hänet epäinhimillisesti teurastivat Pietari Lukija ja joukko villejä ja armottomia fanaatikkoja; hänen jäsenistään raavittiin liha terävillä osterinkuorilla ja hänen raadellut jäsenensä viskattiin tuleen." Teon yllyttäjänä pidetään Aleksandrian patriarkkaa Kyrillosta, joka kiihotti kristittyjä myös Aleksandrian juutalaisten vainoamiseen. Katolinen kirkko palkitsi hänet suomalla tittelin Pyhä. Surmaamisen syyn väitetään olleen poliittinen eikä uskontoon liittyvä, mutta se on uskon asia.

Teistifilosofien mielestä kristinuskon areoilaisuuden ja gnostilaisuuden kaltaiset harhaopit olisivat, vallan saatuaan, estäneet 1500 vuotta myöhemmin tapahtuneen tieteen kehityksen. Hypatian on väitetty olleen gnostikko. Tämä uskonto oli olemassa jo ennen kristinuskon syntyä, vaikka siitä puhutaankin kristinuskon harhaoppisuutena. Gnostikot jakoivat maailman kahtia. Materiaalinen maailma oli paha ja henkinen hyvä. Vanha Testamentti ja sen Jahve edustivat pahaa materiaalista maailmaa. Materiaalinen maailma oli pahan jumalan luomus. Uuden Testamentin Jeesusta ja siinä esiintyvää Jumalaa pidettiin henkisen maailman ja hyvän ilmentyminä. Ihmisen päämäärä oli pyrkiä henkiseen maailmaan, joten siinä mielessä materiaalinen maailma ja sen lait eivät kiinnostaneet. Frank J. Tipler kertoo Giorgio de Santillanan olleen sitä mieltä, että Kreikan tiede lakkasi kehittymästä 200-luvulla eaa. ja yhtenä syynä oli gnostilaisten mysteerikulttien suosion nousu. Tästä syystä tieteen tuhoa 600 vuotta myöhemmin tapahtunutta Hypatian teloitusta voidaan pitää oikeutettuna tieteen puolesta suoritettuna kostona. Luonnonlakien ajatus riippuu siitä, minkä katsotaan tapahtumien kulkua ohjaavan. Luonnon ilmiöt luettiin muinaisina aikoina jumalien aiheuttamiksi. Voimme pitää tieteen synnyn edellytyksenä sitä, että ensimmäiset filosofit ajattelivat luonnon olioilla olevan niille ominaiset sisäiset luontonsa, joiden perusteella niiden käyttäytyminen määräytyi. Luonnon säännönmukaisuus, mikä teki siitä ennustettavan ja ymmärrettävän, selittyi sillä, että jumalat eivät asioihin puuttuneet. Luonnonlakien ajatus nousee tuosta ihan luonnostaan.

Platon selitti sitten, edeltäjistään poiketen, että universumin ymmärrettävyys ja säännönmukaisuus selittyi sillä, että jumalat olivat siihen järjestyksen asettaneet. Luonto toimi silti ihan omin päin ilman jumalien asiaan puuttumista. Luonnonlakien ajatus nousee tuosta esiin, jos nyt ei luonnostaan, niin ainakin yliluonnostaan.

Kristittyjen käsitys tässä asiassa on vaihdellut kahden ääripään välillä. On väitetty, että Jumala määrää jokaisesta tapahtumasta sen yksityiskohtia myöten, tai että Jumala ei asioihin luomisen jälkeen ole puuttunut. Ensimmäinen vaihtoehto ei rohkaise luonnontieteitten tutkimista ja toinen ei yleensä uskovia miellytä, joten erilaiset kompromissit ovat olleet tarpeen. Kaikkivaltiaan asioihin puuttumista säädeltiin, jotta tieteen teko oli sekä ajateltavissa että sallittua kristinuskon hallitsemissa yhteisöissä. Yksi luonnonfilosofiaa harrastavien teologien keksimä pakokeino oli selittää, että kaiken perussyy (primäärinen syy) oli Jumala. Sekundääriset syyt olivat tapahtumien varsinaisia aiheuttajia ja niitä sai tutkia, kunhan muisti mainita, että Jumalahan se, tietysti, silti, lopulta, oikeastaan... Tätä voimme pitää porsaslogiikan tuotoksena, koska se suorastaan viekoittelee käyttämään Ockhamin partaveistä, mutta vastustan toistaiseksi kiusausta. Sitä ei tuolloin oltu vielä virallisesti keksitty, mikä oli onni, sillä teistit olisivat luultavasti napsineet pois sekundääriset syyt.

Aleksandria ja kristinusko

Aleksandrian väestöstä oli enimmillään juutalaisia 40 %. Nämä omaksuivat Kreikan tieteen ja filosofian, mistä seurannut hellenistisen ja juutalaisen kulttuurin sulauttaminen johti 300-luvulla eaa. aloitettuun heprealaisen raamatun kääntämisen kreikan kielelle. Näin syntyi Septuaginta-nimellä tunnettu Vanha Testamentti. Filon-niminen juutalainen (k. 45 jaa.) laati Platonin filosofian ja Vanhan testamentin ajatusten synteesin. Juutalaiset eivät hänen tuotostaan arvostaneet, mutta kristityt sitäkin enemmän. Septuagintan käännösvirheet ja sanojen valinnat vaikuttivat hepreaa osaamattoman Filonin oppeihin kristinuskon teologian kannalta perin hedelmällisesti. Joittenkin mielestä heprelaisen "sanan" kääntäminen "logokseksi" johti kolminaisuusopin syntyyn, mikä puolestaan tieteen kannalta osoittautui suureksi siunaukseksi.

Platonin Timaios-dialogin lähes vitsinä kuvattu Demiurgi yhdistettiin Filonin toimesta juutalaisten äärimmäisen vakavasti otettavaan Jahveen. Logoksella oli Filonin käsittelyssä runsaasti rooleja, niitten joukossa Jumalan sanansaattajan asema, joten pohja Logoksen inkarnointiin Kristukseksi luotiin tuolloin.

Jos uskomme Friedrich Engelsiä ja Bruno Baueria, Filon perusti kristinuskon. Roomalainen Seneca vaikutti myös oleellisesti sen oppeihin. Kristinusko kehittyi Aleksandriassa ja Roomassa, ei Galileassa tai Juudeassa. Teoria ei liene nykyisin kovin suosittu, mutta Aleksandrian ja yleensä Pohjois-Afrikan kirkonmiesten vaikutusta kristinuskon teologian kehittymiseen ei käy kiistäminen. Aleksandrialaiset kirkkoisät samaistivat kristinuskon ensimmäisten vuosisatojen aikana Kristuksen ja Logoksen yhä uudestaan, joten jos Logoksen muuttuminen Kristukseksi hylätään, niin ainakin Kristus muuttui ajan myötä Logokseksi.

Kristinuskon teologia muuttui lopulta kolminaisuusopin kehityksen myötä luonnontieteen kaltaiseksi tieteeksi. Se sai omat täsmälliset aksioomansa uskontunnustusten muodossa. Samalla kristityt sallivat Kreikan luonnonfilosofian ja logiikan harjoittamisen pitäen niitä uskolle tarpeellisina. Tätä kautta teologia sai tieteelliset menetelmät, joita se sitten hyödynsi oppiensa luomisessa ja puolustamisessa. Näin voimme katsoa Kreikan filosofian muuttuneen kristinuskoksi, joka sisälsi sen tärkeimmän osan, Logoksen, Kristukseksi inkarnoituneena. Maallisen tieteen kehitys pysähtyi niin, että aika 600-luvulta jaa 1500-luvulle saakka on myöhemmin julistettu pimeäksi keskiajaksi. Kreikan tiede koteloitui kristinuskon sisään, ihan sen ytimeen Kristuksen ja kolminaisuusopin muodossa, mistä siitä 1500-luvulta alkaen kehittyi modernin tieteen perhonen. Kotelo alkoi purkautumisensa, kun Logos houkutteli teologeja 1000-luvun vaihteesta alkaen soveltamaan suurinta saavutustaan, Aristoteleen logiikkaa, myös uskon dogmien pohtimiseen. Vaikka heitä kehotettiin jättämään uskon perusdogmit rauhaan, julistamalla ne järjen ulottumattomiin, inkarnaation ja kolminaisuusopin ilmeiset mahdottomuudet olivat syntisen karvainen syötti loogikoille, jotka yksi toisensa jälkeen lankesivat.

Sekasortoiset yhteiskunnalliset olot Rooman valtakunnan luhistuessa barbaarien hyökkäysten alle vaikuttivat osaltaan kulttuuriseenkin turmioon, mutta jotta ne eivät pääsisi laimentamaan filosofisten aatosteni tehoa, en käsittele niitä tässä. Pysyttelen puhtaasti tieteen sisäisessä filosofiassa, jossa vain objektiivinen totuus ja vain se vaikuttaa näkemyksiini. Sen suhteen, että lainaamieni kirjojen tiedot eivät kenties täytä objektiivisen totuuden kriteereitä tai että en ole lukenut oikeita kirjoja, olen synnitön ja syyntakeeton.

Luku 2 Platon, jumalan poika hänkin

Ateenassa kierteli aikoinaan taru, jonka mukaan Periktione-niminen nainen yritti epätoivoisesti saada lasta miehensä Aristonin kanssa. Se ei onnistunut. Sitten Ariston näki näyn Apollo-jumalasta. Tämä sai miehen pidättäytymään aviollisista suhteista, kunnes Periktione synnytti pojan. Tälle, siis epäilemättä Apollon pojalle, annettiin nimi Aristokles. Myöhemmin hän alkoi käyttää nimeä Platon. Tämä tapahtui Ateenassa 420-luvulla eaa.

Kuten jumalan pojalle sopiikin, Platonista kasvoi maineikas filosofi ja kirjailija, jonka teokset ovat edelleen ainakin kaunokirjallisina tuotteina lukukelpoisia.

Platon esitti luonnontieteelliset näkemyksensä Timaios-nimisessä teoksessaan, jossa pythagoralainen astronomi Timaios esittää käsityksensä universumin ja sen asukkien synnystä. Cicero käänsi kirjan latinaksi ja se oli ainoa katolisten kristittyjen käytössä ollut Platonin kirja varhaisella keskiajalla. Kirja on huonoin Platonin teos eikä lukija aina tiedä, onko kirjoittaja tosissaan. (Ei ole, tätä mieltä oli ainakin filosofi Bertrand Russell, samoin jotkut Platonin seuraajat Akatemiassa). Tämä ei estänyt kirjaa olemasta kristittyjen "luonnontieteellinen" perusteos tuhannen vuoden ajan.

Platonin kirjoitukset vilisevät jumalia, vaikka hän ei mielenlaadultaan ollut mitenkään uskonnollinen. Luomisen suorittanut Demiurgi ei vaikuta persoonalliselta olennolta, vaikka kertomusteknisistä syistä Platon laittaa hänet katselemaan luomistaan tyytyväisenä. Demiurgi ei ole edes se kaikkein jumalisin jumala, vaan se on Abstrakti Ideamaailma.

Platon uskoi, että kukin maan päällä oleskeleva olio on epätäydellinen kopio ideamaailmassa olevasta vastineestaan. Kielellisessä mielessä esimerkiksi sänky on yleiskäsite, jota kaikki maailman erilaiset sängyt edustavat. Tämä sänky on todella olemassa vain järjen tavoitettavissa olevassa ideamaailmassa.

Todellinen tieto koskee näitä ideoita, joten sitä saadaan vain ajattelun avulla. Aistein saatu informaatio tuottaa vain luuloa. Tämä johtaa siihen, että aistien tavoittamat otukset eivät olekaan täysin olemassa. Luulo näet ei voi kohdistua sellaiseen, mikä todella on (silloin se olisi tietoa) eikä sellaiseen, mitä ei ole. Tätä Platon yritti selittää sillä, että jokaisella yksittäisellä oliolla on ristiriitaisia ominaisuuksia. Olio on esimerkiksi joltakin katsontakannalta kaunis ja toisesta ruma. Se on siinä mielessä olemisen ja ei-olemisen välillä. Ideat sisältävä ideamaailma oli aineeton ja sijaitsi jossain taivaittenkin yläpuolella. Platon kutsui luojajumalaa Demiurgiksi, mikä tarkoittaa ruukuntekijää. Hän selitti tämän olevan hyvän (ainakin siinä mielessä, että oli taitava) olennon, joka rakensi kaaoksen vallassa olevasta valmiista materiasta kosmoksen, ideain maailman jäljitelmän. Tämä jäljitelmä on paras mahdollinen, vaikkakaan ei täydellinen, sillä demiurgikaan ei mahtanut mitään materian kaikille ominaisuuksille. Luomista ei sälytetty yhden jumalan harteille, vaan käytettiin selkeää työnjakoa. Demiurgi loi ensin tärkeimmät sielut sekoittamalla tarjolla olevaa ainesta tarkkaan määrätyissä matemaattisissa suhteissa. Hän loi Maan, planeetat ja kiintotähdet, jotka nekin olivat eläviä olentoja, mikä tarkoitti, että niillä oli sielu. Sitten Demiurgi kyhäsi ihmisten ja eläinten sielut, joiden laatu ei ollut ihan maailman sielun veroinen. Ainekset olivat samat, mutta sekoitussuhteitten matematiikassa oli pieniä puutteita. Sielut sijoitettiin asumaan planeetoille, tähtiin ja Kuuhun, minkä jälkeen Demiurgi teki liudan pienempiä jumalia ja antoi niiden tehtäväksi luoda sieluille ruumiit. Sielut ovat saaneet aluksi asuinsijansa taivaasta. Aluksi ne liihottelevat jumalien seurassa, mutta materiaaliset houkutukset kiskovat niitä alas. Sielut siis lankeavat, mikä tarkoittaa maan päälle joutumista. Sielusta Platonilla on paljon sanottavaa eri dialogeissaan, joissa siitä annetaan toisistaan poikkeavia kuvauksia. Käytän tässä Faidros-dialogia, koska se on pakinoitsijan kannalta paras ja on kirjahyllyssäni aina käytettävissä. Siinä Sokrates vertaa sielua hevosvaljakkoon, jossa toinen hevonen on kaikin hyvein varustettu, toinen puolestaan pahein raskautettu. Aluksi valjakko liihottelee ihanissa yläilmoissa, jumalien seurassa. Olotilan ihanuus on vaikea mieltää konkreettisesti, mutta sama koskee yleisesti uskontojen kuvaamia taivaita (muslimimiehet ovat ehkä eri mieltä). Huono hevonen kampeaa valjakkoa pois kaidalta polulta. Jos sielu jaksaa seurata jumalia, se saa pitää siipensä, jos ei, niin ei. Lankeemus on tiedollista laatua, jossa sielu tyytyy todellisen tiedon sijaan pelkkään arveluun. Synnin raskaus määrää, millaiseen ihmiseen sielu joutuu, mistä Platonilla on tarkka järjestys tiedossa. Suurin onni on joutua viisautta harjoittavaan mieheen. Tämä mies kunnioittaa Erosta, mutta runouden harjoittamisen filosofi katsoo paheeksi. Sofisti ja tyranni ovat ne kehnoista kehnoimmat vaihtoehdot.

Sielut palaavat sinne, mistä ovat lähteneet, kymmenen tuhannen vuoden kuluttua, joten Platonilla oli kristittyjen armoa vastaava vaihtoehto, jossa pelastus tulee ilman hyvää elämääkin. Vain sielu, joka on harrastanut filosofiaa tai filosofisella tavalla harrastanut poikarakkautta, saa siivet kolmantena tuhatvuotisjaksona. Maisen elämän jälkeen sielut joko joutuvat maan alle suorittamaan rangaistustaan tai pääsevät johonkin taivaan asteeseen nauttimaan hyvien tekojensa hedelmistä.

Timaioksessa kerrotaan, että huonosti elävän miehen sielu joutuu kuoleman jälkeen naisen sieluksi. Tästä voi päätellä, että naisia ilmestyi maailmaan vasta, kun huonosti eläneitten miesten sieluja vapautui näiden käyttöön, missä voi ainakin pahalla tahdolla nähdä yhtymäkohdan Eevan luomiseen. Se, että huonosti elävästä naisesta tulee villieläin, on vaikeampi sovittaa Raamatun sanomaan, samoin se, että kalan sieluksi joutuminen on pahin mahdollinen kohtalo.

Platonin johdonmukaisuus näkyy hyvin siinä, että hän tuomitsee matematiikkaa osaamattoman, joka luulee, että vain tähtiä katsomalla oppii astronomiaa, linnun sieluksi. Joskus tulee silti mieleen, että kristittyjen ei olisi pitänyt ottaa Platonia niin tosissaan kuin ottivat.

Poikarakkauden ansiota pelastumista kristityt pitävät outona ajatuksena, mutta jos pidetään mielessä, että kyseessä ei ole fyysisesti vaan henkisesti koettu rakkaus, niin ei Jeesuksen rakastaminen siitä kovin kaukana ole. Platonin versiossa naisten harjoittamalla poikarakkaudella ei taivaisiin pääse. (Ei-fyysistä rakkautta kuvatessaan filosofi ei jostain syystä tiennyt, että sitä kutsuaan platoniseksi rakkaudeksi). Kristittyjen Jeesuksen rakastaminen lienee siis platonista rakkauttakin platonisempi versio, mutta yhteistä on mahdollisuus päästä taivaaseen sitä harrastamalla. Platonin perustelee asiaa siten, että sielun pitäisi maallisen vaelluksen kuluessa saada häivähdys menetetystä ideoitten maailmasta. Pyrkimys saa voimaa siitä, että rakastetun olemus herättää näköaistin avulla sielussa muiston todellisesta kauneudesta. Taas tämä sana kauneus on hankala käsittää, sillä kyseessä on "platoninen kauneus" eikä sillä kai ole paljonkaan tekemistä kauniiden maallisten asioitten kanssa. Platonin mielestä sielu on kuolematon, mutta siinä hän tekee kompromissin olettamalla, että sielulla on sekä kuoleva että kuolematon osansa. Ideoihin perustuva tietoteoria ja sielunvaellus houkuttelevat hänet väittämään, että sielu tietää kaiken jo joutuessaan johonkin ruumiiseen, mutta ihmisen muistille tuottaa vaikeuksia onkia tuo tieto esiin. Keskiajan kristityt puolestaan uskoivat, että Aatami luomisensa jälkeen tiesi kaiken. Syntiinlankeemuksessa hän menetti tämän taivaallisen professuurinsa ja ihmiskunnan ikeenä on siitä lähtien ollut yrittää koota tämä kaikkitietävyys eri tieteitten avulla takaisin. Tiedon puusta syöminen hävitti tiedot, mutta ei-allegorinen Raamatun lukeminen kertoo, että Aatami siinä vaihtoi luonnontieteelliset tietonsa tietoon, että hän ja Eeva olivat alasti. Joka tapauksessa ajatus nykyäänkin innoittaa teistifilosofit väittämään, että juuri tämä (en tarkoita tällä alastonta Eevaa) sai kristityt tiedemiehet keskiajalla tieteitä harjoittamaan. Mikään muu ei oikein selitä moista puuhastelua, se lienee selvää.

Astronomia oli tärkeä tiede Platonin ajattelussa. Hän sovelsi myös matematiikkaa niin, että vaikka hän ajatteli materian koostuvan maasta, vedestä, tulesta ja ilmasta, niin näiden "atomit" puolestaan olivat säännöllisten monitahokkaiden muotoisia. Maan atomi oli kuutio ja tulen tetraedri, koska kuutio oli vakain muoto ja tetraedri terävin. Todelliset perushiukkaset olivat kauneimmat mahdolliset kolmiot eli ne kaksi, joista sivujen suhteet ovat toisessa 1, 2 ja √3 ja toisessa 1, 1 ja √2. Monitahokkaitten pinnat muodostuivat näistä kolmioista.

Platon tiesi, että Maa on pallon muotoinen ja uskoi kosmoksenkin olevan. Hän piti Maata kosmoksen keskuksena. Toinen tähtitieteen edistystä jarruttanut väärä käsitys oli se, että uskottiin planeettojen ratojen olevan täydellisiä ympyröitä. Havainnot olivat tätä vastaan, mutta Platonin tavoin luotettiin ihanteisiin, joiden mukaan ympyrä on täydellinen liike ja taivaissa on kaikki täydellistä. Niinpä Platon selitti, että sielutkin liikkuvat taivaalla tehden vakaita ympyränmuotoisia kiertoliikkeitään. Hän myös ajatteli, että tähtitaivaan liikkeitä tarkkailemalla saimme häivähdyksen ideamaailman kauneudesta, mikä veisi meidät lähemmäs sielun palaamista taivaaseen pois maallisesta kurjuudesta. Jos platonisen poikarakkauden harjoittaminen taivaaseen pääsemiseksi tuntuu vastenmieliseltä, sen voi siis korvata tähtitaivaan ihailulla. (Naispuolisten astronomien puute tuona aikana kyllä hieman ihmetyttää).

Luonnon, ainakin tähtitaivaan, tutkimisella oli uskonnollista merkitystä, mikä lienee vaikuttanut kristittyjen taipumukseen pitää luonnon tutkimista Jumalan toisen pyhän kirjan lukemisena.

Luku 3 Filon yhdistää luomiskertomuksen ja Platonin kosmologian

"Alussa Jumala loi taivaan ja maan. Maa oli autio ja tyhjä, pimeys peitti syvyydet, ja Jumalan henki liikkui vetten yllä. Jumala sanoi: "Tulkoon valo!" Ja valo tuli. Jumala näki, että valo oli hyvä. Jumala erotti valon pimeydestä, ja hän nimitti valon päiväksi, ja pimeyden hän nimitti yöksi. Tuli ilta ja tuli aamu, näin meni ensimmäinen päivä."

Luomiskertomuksessa on Raamatun oleellinen luonnontieteellinen sisältö. Se esittää juutalaisten käsityksen maailmankaikkeuden synnystä. Platonin Timaios sisälsi yhden antiikin "tieteellisistä" kosmologioista. Nykyajan katsannossa atomistien versio on oikeampi, mutta se oli liian karu saadakseen suosiota. Aristoteles piti kosmosta ikuisena ja luomattomana ja vältti näin tarpeen mahdottoman selittämiseen.

Timaioksesta tuli kristittyjen tieteellisen kosmologian perusteos tuhanneksi vuodeksi. Niinpä luonnonfilosofiaa harrastavien kirkonmiesten oli yritettävä sopeuttaa sen kuvaus universumin synnystä luomiskertomukseen.

Aleksandriassa asuva juutalainen Filon loi ensimmäisen synteesin. Häntä on kutsuttu Filon Pythagoralaiseksi, Filon Aleksandrialaiseksi ja Filon Juutalaiseksi. Filon kuoli v. 45 jaa tienoilla, joten hän ei ollut kristitty. Hän ei tiennyt Jeesuksesta mitään.

Filon piti Moosesta kaikkien filosofien filosofina ja Platonia Mooseksen seuraajana. Hänen mielestään Platon oli saanut osan filosofiastaan juutalaisilta. Hän aloitti samalla tänäkin päivänä kukoistavat kaksi perinnettä. Toisessa kristityt väittävät kaikkia aatteellisia innovaatioita omaksi ansiokseen. Kun kristityt kirkkoisät sovelsivat Kreikan filosofiaa, he puolustelivat sitä väittämällä että sen ajatukset oli saatu Vanhasta Testamentista. Toisen perinne on tapa selittää Raamatun luomiskertomusta tieteellisesti niin, että oletetaan sen olevan ehdottoman tosi ja kunkin ajan tieteellisiä käsityksiä vängätään niin, että niiden voidaan väittää olevan sen kanssa yhteensopivia.

Juutalaisten Jahve on inhimillisen despootin tavoin käyttäytyvä arvostaan perin tarkka raakimus. Platonin Demiurgin ihmismäinen käytös puolestaan oli lähinnä kertomusta tehostava tyylikeino. Hän oli matemaatikko, älyllinen versio Jumalasta. Jos ajatellaan, että ikuinen ideamaailma oli kaiken taustalla oleva "jumala", ollaan henkisyyden äärirajoilla. Filonin oli pakko tulkita Raamattua allegorisesti etsimällä tekstin takaa salattuja merkityksiä. Jos teistifilosofeja on uskominen, tämä käytäntö esti tieteen kehityksen, kunnes Luther teki paheesta lopun. Israelilaisten alkuperäistä jumalaa kutsuttiin nimellä El (kaikkivaltias El Shaddai). El oli pääjumala ja Jahve eräs hänen viidestä pojastaan. Kreikankielisenä vastineena Elille on Theos (jumala) ja Jahvelle Kyrios (Herra). Filonin kehitelmillä Jumalan näkymisen eri puolista ja myöhemmällä kristittyjen kolminaisuusopilla oli näin historiallinen taustansa. Katolisen teologian synnyn motivoiva voima oli yritys selittää, miten kolminaisuuden eri jumalat ovat yksi ja sama.

Filon ajatteli Platonin tavoin, että materiaalinen maailma on pahaa ja maallisiin kehoihin joutuneet sielut ovat langenneita. Jos nykyihminen kuvittelee, millaista olisi olla vaikkapa Kuun sielu ja kierrellä avaruuden kylmyydessä ikuista tylsää tahtia, niin ehkä hän olisi eri mieltä. Joka tapauksessa pelastus lienee tarkoittanut palaamista Kuun sieluna olemisen tapaiseen onneen. Se oli mahdollista järkeä käyttämällä. Filon muokkasi lisäpelastukseksi järjettömän vaihtoehdon, koska ajatteli, että Jumala ei ollut järjen ulottuvilla. Hän joutui lisäämään informaation tuojiksi ja tulkitsijoiksi sanansaattajia taivaallisista maailmoista. Nämä muodostivat selkeämpiä mahdollisuuksia pelastumiseen kuin mitä Platonin filosofointi tarjosi. Tultiin siis hieman lähemmäs myös tavallisia ihmisiä, joitten ajattelu ei yllä filosofien ylimaallisille tasoille.

Kristityt tajusivat, että Kuun sielun kaltainen pelastus ei rahvasta miellyttäisi, vaan nämä mistään filosofioista mitään tajuamattomat onnettomat haluavat ihmissielunsa majailevan ihmiskehossa pelastumisen jälkeenkin. Kuun sielun on myös vaikea kuvitella kärsivän helvetin kauhuista, joten sillä pelottelukaan ei olisi ollut mahdollista ilman huomattavia muutoksia Platonin aivoituksiin.

Platonin Demiurgi käytti mallinaan ikuista luomatonta ideamaailmaa. Materia oli ennestään olemassa ja sitä hän järjesteli matemaattisin periaattein muistuttamaan mahdollisimman paljon ideamaailmaa. Filonin

Jumala hahmotteli ensimmäisenä päivänä mielessään nämä ideat, joten Hänen Luojansa tiedolliset kyvyt ottivat tässä askeleen kohti kristittyjen Jumalan kaikkivoipuutta. Tutkijat eivät ole päässeet yksimielisyyteen siitä, ajatteliko Filon myös materian tyhjästä luoduksi, joten jätetään kunnia tästä innovaatiosta ensimmäisten vuosisatojen kristityille. Ajatus materian pahuudesta hiersi, sillä sen luominen oli ristiriidassa jumalan hyvyyden kanssa. Usko valmiiseen materiaan olisi loogisempaa ja poistaisi runsaasti turhaa selittelyä, mutta täytyyhän teologeilla olla teologia, joka vaatii mahdottoman selittämistä. Se takaa työllisyyden ikuisiksi ajoiksi. Sanat "Alussa loi " ja kuuden päivän kesto liittyvät aikaan, ja niitä kirkkoisät tulkitsivat monin tavoin. Filon totesi Platonin tyyliin, että Jumala loi ajan samalla (tai sen jälkeen) kuin maailmankaikkeuden, joten "alussa " ei tarkoita aikaa, koska sitä ei tuolloin ollut, vaan järjestystä. Järjestys on ajallinen käsite, joten kirkkoisä Augustinus joutui tässä parantelemaan Filonin selityksiä. Kertomus voidaan tulkita platonisin ja stoalaisin termein. Jumala loi taivaan, maan, ilman (pimeyden), tyhjän avaruuden (syvyyden), veden, pneuman (mielen, sielun), auringon ja tähtien aineettomat muodot. Taivas on tärkein, joten oli luonnollista, että Jumala loi sen ensin. Filonille kuten jokaiselle kunnon filosofille tämä kelpasi hyvin argumentiksi, jolla asia tiedettiin varmaksi. Ilma oli Filonin tietojen mukaan mustaa, joten pimeys vastasi siis ilman ideaa. Se, että maailmalla oli alku, oli ehdottoman varmaa, koska aistien kokemat oliot eivät voi olla ikuisia. Platon oli näet niin sanonut. Ideoitten jälkeen seurasi muotojen aineellisten vastineitten tekeminen. "Jumala sanoi: "Tulkoon kaartuva kansi vesien väliin, erottamaan vedet toisistaan." Jumala teki kannen ja erotti toiset vedet sen alapuolelle ja toiset sen yläpuolelle. Niin tapahtui, ja Jumala nimitti kannen taivaaksi. Tuli ilta ja tuli aamu, näin meni toinen päivä." Kaartuva kansi tarkoitti aineellista taivasta, joka oli silmin havaittavissa. Tämän jälkeen Filon käsitteli luomisen eri puolia päätyen lopulta ihmiseen. Raamatun mukaan ihminen luotiin Jumalan kuvaksi, mikä ei Filonin mielestä tarkoita ruumiillista samankaltaisuutta. Ihminen on Jumalan kuva siinä mielessä, että hänen sielunsa tärkein osa, mieli, muistuttaa universumin sisältämää jumalallisen mielen osaa.

Raamatun mukaan Jumala sanoi: "Tehkäämme ihminen, tehkäämme hänet kuvaksemme, kaltaiseksemme,..". Jumala ei siis luonut ihmistä yksin. Filon selitti, että olemassa olevista asioista kasvien tai eläinten kaltaiset eivät ole missään tekemisissä hyvän tai pahan kanssa. Niillä ei ole sielua tai niiden sielusta puuttuu järjellinen osa. Tähdet puolestaan ovat eläimiä, joiden sielu on järjellinen, mutta ne eivät harjoita minkäänlaista pahetta. Jumalan sopi siis ihan itse luoda ne. Ihminen on kykenevä sekä hyveisiin että synteihin, joten Jumala pystyi luomaan hänet vain osittain ja tarvitsi kaverin, joka huolehti luomisen materiaalisesta puolesta. Ei siis mikään ihme, kaikki tämä huomioiden, että Filon julisti Jumalan olevan ihmisjärjen ulottumattomissa. Hänen olemuksensa oli käsittämätön, mutta Hänen tekonsa piti selitettämän käsitettäviksi. Filonin mielestä järki ei täysin riittänyt taivaaseen pääsyyn, joten keinoksi saada tietoa Jumalasta hän tarjosi mietiskelyä, jonka kautta saavutettu ekstaasi antaa pienen vivahduksen siitä, mitä Jumala todella on. Lisäksi tarvittiin joukko henkisiä otuksia, jotka toimivat voimina ja viestintuojina niin, että Jumalan tahto tuli ihmiselle selväksi.

Jumala oli ääretön olento, aine on äärellistä eikä ole oikeastaan kunnolla olemassa, vaan on koko ajan tulemassa olemassa olevaksi. Tämä liittyy siihen, että Jumala ei ole ajan kanssa missään tekemisissä, joten hänen ei voi sanoa joskus luoneen tai tulevan joskus luomaan. Toisaalta aine on luonteeltaan pahaa, joten Jumalan ei sovi siihen koskea. Tarvittiin syntipukki ja sehän oli jo ennestään keksitty: stoalaisten Logos. Filon julistaa Logoksen Jumalan pojaksi, joka ei ole luotu, vaan ensiksi syntynyt, ja ollut Jumalan kanssa aikojen alusta, mikä siis tarkoittaa, että Logos oli olemassa ajan luomisen aikoihin. Tämä Logos tekee aineellisen maailman Jumalan mielessä olevien arkkityyppien pohjalta.

Filon nimesi erilaisia voimia, joiden kautta Jumala esiintyi ihmiskunnalle. Kaksi tärkeintä olivat Hyvyys eli Luova voima ja Auktoriteetti eli Halliseva voima. Logos yhdisti nämä kaksi voimaa. Logoksella oli muitakin voimia, joihin sisältyvät armon ja lainlaadinnan voimat. Nämä täytyi sitten löytää Raamatusta. Kun Jumala karkotti Aatamin ja Eevan Paratiisista, hän asetti Eedeniin Paratiisin itäpuolelle kerubit sekä välkkyvän, leimuavan miekan vartioimaan elämän puun tietä. Ei epäilystäkään: kerubit ovat Jumalan päävoimat ja miekka itse Logos.

Logoksen rooli on perin moninainen. Hän on Jumalan ajatus, Jumalan ajatuksen tuote, Jumala itse Hänen maailmaan näkyvänä puolenaan, Jumalan kaikkien voimien yhtenäisyys, välittäjä Jumalan ja maailman välillä. Logos on sekä voima että henkilö, Jumalan poika, Jumalan lähettiläs, maljan kantaja. Onneksi kolminaisuusoppi yksinkertaisti asioita huomattavasti. Filonin versiossa Logos tahraa kätösensä pahaan materiaan, jotta Jumalan ei tarvitse.   Tämä on vielä kovin filosofista ja abstraktia, joten jotta oppi uppoaisi myös tavalliseen rahvaaseen, kristittyjen versiossa syntipukki konkretisoitiin edelleen inkarnoimalla Logos tätä inhaa materiaa, verta ja lihaa, olevaksi hahmoksi, Jeesukseksi. Tämä otti niskoilleen kaiken pahan materian muodossa, mikä puolestaan selitettiin synneiksi, maallisiksi pahoiksi teoiksi, jolloin mukaan saatiin moraalinen ulottuvuus. Filon odotti muiden juutalaisten tavoin Messiaan tuloa. Tämä oli oleva maallinen hallitsija, jonka oli määrä vapauttaa juutalaiset vihollisistaan. Mitään taivaallista aspektia hän ei Messiaaseensa liittänyt, joten Logoksen ja Messiaan synteesi ei hänen mieleensä juolahtanut.

Luku 4 Logos piiloutuu teologian dogmeihin

Thomas F. Torrance on lausahtanut (ihan tosissaan kenties?): "Varhaisten kristillisten vuosisatojen aikana kehitetty ja kirkkoisien aikana kiteytetty oppi kolminaisuudesta korvasi vähitellen hellenistisen todellisuuskäsityksen ja loi lujan pohjan länsimaisen luonnontieteen synnylle. Kreikkalainen kaksijakoinen tapa tarkastella todellisuutta joutui vähitellen antamaan tilaa raamatulliselle näkökannalle, jossa todellisuutta tarkasteltiin yhtenäisenä. Oppi inkarnaatiosta ja erityisesti Kristuksen ja Isän Jumalan yhteisestä luonnosta oli keskeisessä asemassa tässä kehityksessä, koska se loi uuden käsityksen Jumalan ja ihmisen suhteesta. "

Kristinuskon aksioomat

Kristinuskon teologian kehittäminen tapahtui lähinnä Raamatusta, Kreikan filosofien opeista ja mysteeriuskonnoista löytyvien "havaintojen" pohjalta. Kolminaisuusopin synty perustunee kreikkalaisen filosofian logoksen oksastamiseen seuraavien kaltaisten Vanhan ja Uuden testamentin katkelmiin:

Sananlaskut 8.22 Herra loi minut töittensä esikoiseksi, ensimmäiseksi teoistaan, ennen aikojen alkua, iankaikkisuudesta minut on asetettu olemaan, alusta asti, hamasta maan ikiajoista (tämä tarkoittaa juutalaisten Viisautta, Sofiaa ja kreikkalaisten Logosta)

Sananlaskut 11.22 Kultarengas sian kärsässä on kaunis nainen, älyä vailla. (Tämä on mukana siksi, että sen perusteella kukin voi päätellä Sananlaskujen luotettavuuden)

Johanneksen evankeliumin alku: Alussa oli Sana, ja Sana oli Jumalan tykönä, ja Sana oli Jumala. Kaikki on saanut syntynsä Hänen kauttaan, ja ilman Häntä ei ole syntynyt mitään, mikä syntynyt on.

Matteuksen evankeliumi 28.19 "Menkää siis ja tehkää kaikki kansat minun opetuslapsikseni, kastamalla heidät Isän, Pojan ja Pyhän Hengen nimeen..."

Aristoteleen mukaan kunkin tieteenalan totuudet voidaan jakaa ensimmäisiin premisseihin (aksioomiin) ja näistä deduktiivisella päättelyllä johdettuihin teoreemoihin. Deduktiivinen päättely säilyttää premissiensä totuuden, joten rakennelman luotettavuus on niiden varassa. Tieteen kohteesta kerätään aistihavaintojen avulla tietoja, joista aksioomat saadaan yksittäisten havaintojen yleistämisellä (induktiolla). Ne ovat kyseisen tieteen olioiden muuttumattomia olemuksia ilmaisevia määritelmiä. Aristoteles puhui asioitten luonnosta, joten hänen käytössään sanalla "luonto" oli eri merkitys kuin meillä. Hän ajatteli myös, että luontoa piti tarkkailla puuttumatta sen kulkuun. Asioitten olemus näyttäytyi oikeassa muodossaan, kun luonnon omaa käyttäytymistä ei häiritty. Nykyisen käytännön tapaiset varta vasten tietyn ilmiön tutkimiseksi suunnitellut kokeet eivät tämän käsityksen pohjalta olleet suotavia.

Aksioomat pohjasivat empiriaan, mutta niiden lopullinen laatiminen tapahtui "intuitiivisen induktion" tapaisella, jokseenkin vaikeasti selitettävällä (sehän on intuitiivista) päättelyllä. Aristoteles ajatteli, että niiden piti olla ehdottoman tosia, mutta käytännössä ehdon toteutuminen on nykyisinkin mahdotonta.

Kristinuskon käytössä oli maallisiin tieteisiin verrattuna ylivoimainen aksioomalähde: Raamatussa oleva Jumalan ilmoitus. Sieltä saatiin ehdottoman varmat ensimmäiset premissit. Raamatun teksti jättää tosin tilaa tulkinnoille, vaikkapa tyhjästä luomisen suhteen, mikä työllisti viisaat ainakin neljäksi vuosisadaksi. Uudessa Testamentissa kerrotaan Jeesuksen elämästä ihmisten kokemana, joten tieto hänestä perustuu kokemukseen sekin. Uskon aksioomien laadintaa pyhien tekstien pohjalta voi pitää toisen asteen empiriana.

Aristoteleen esittämässä tieteitten jaottelussa metafysiikka, matematiikka ja luonnonfilosofia ovat teoreettisia tieteitä, jotka koskevat ihmisen toiminnasta riippumattoman aineellisen todellisuuden muuttumattomia piirteitä. Aristoteleen jumala oli liikkumaton liikuttaja, joka vaikutti päämääräsyynä tavalla, jonka varmaan vain filosofi itse ymmärsi. Hän ajatteli, että ikuisten totuuksien mietiskely on järkiolennon parasta toimintaa, mihin sisältyi tämä käsittämättömän jumalankin mietiskely. Tätä Aristoteles kutsui teologiaksi. (Teologia oli siis teoreettinen tiede). Ensimmäinen liikuttaja oli oleellinen osa astronomiaa, joten siinä mielessä teologia oli luonnontiedettä, vaikka Aristoteles ei tätä termiä käyttänyt. Kristinuskon uskontunnustuksia voi pitää uskon aksioomien luetteloina. Apostolinen uskontunnustus syntyi ensin, 100-luvulla, Nikean 300-luvulla ja Athanasioksen joskus 400 – 500 - lukujen vaihteessa. Uskontunnustusten laadinta vaati tarkkaa sanojen valintaa varsinkin kolminaisuusopin muotoilussa. Athanasioksen uskontunnustus todistaa siitä. Seuraavassa siitä osa:

"Me palvomme yhtä Jumalaa, joka on kolminainen, ja kolminaisuutta, joka on yksi Jumala, persoonia toisiinsa sekoittamatta ja jumalallista olemusta hajottamatta. Isällä on oma persoonansa, Pojalla oma ja Pyhällä Hengellä oma, mutta Isän ja Pojan ja Pyhän Hengen jumaluus on yksi, yhtäläinen on heidän kunniansa ja yhtä ikuinen heidän majesteettisuutensa.
Sellainen kuin on Isä, sellainen on myös Poika ja Pyhä Henki:
Isä on luomaton, Poika on luomaton ja Pyhä Henki on luomaton. Isä on ääretön, Poika on ääretön ja Pyhä Henki on ääretön. Isä on ikuinen, Poika on ikuinen ja Pyhä Henki on ikuinen, eikä kuitenkaan ole kolmea ikuista, vaan yksi ikuinen, niin kuin ei myöskään ole kolmea luomatonta eikä kolmea ääretöntä, vaan yksi luomaton ja yksi ääretön. Samoin on Isä kaikkivaltias, Poika kaikkivaltias ja Pyhä Henki kaikkivaltias, eikä kuitenkaan ole kolmea kaikkivaltiasta, vaan yksi kaikkivaltias. Samoin Isä on Jumala, Poika on Jumala ja Pyhä Henki on Jumala, eikä kuitenkaan ole kolmea Jumalaa, vaan yksi Jumala. Samoin Isä on Herra, Poika on Herra ja Pyhä Henki on Herra, eikä kuitenkaan ole kolmea Herraa, vaan yksi Herra."

Kolminaisuusoppia ei ollut tarkoitus ottaa kirjaimellisesti todesta, kun siitä esitettiin ensimmäiset versiot. Sitä mietiskelemällä tajusi, miten käsittämätön Jumala on. Katolinen kirkko julisti sen dogmiksi, jonka selittämistä ei saanut yrittää. Se oli joka tapauksessa maallisen järjen käsityskyvyn ulottumattomissa, joten kaikkien oli näin helpompi uskoa se ehdottoman todeksi. (Ehkä kirkkoisät olivat vain hyväntahtoisia ja halusivat säästää oppineet turhalta vaivalta.) Tämä ei tietenkään täysin tehonnut. Selitystä yrittäneet kaikki terävimmätkin yksilöt, 1100-luvun älyn jättiläinen Abelard mukaan lukien, epäonnistuivat. Newton ei edes yrittänyt, vaan käytti älyllisen Gordionin solmun älyllistä avaamiskeinoa julistamalla opin älyttömäksi.

Karen Armstrongin sanoin kolminaisuutta kuvataan kertomalla, miten "teko saa alkunsa Isästä, etenee Pojan kautta ja leviää maailmaan Pyhän hengen välityksellä. Emme tietäisi Isästä mitään, jos ei Poikaa olisi, emmekä voisi tunnistaa Poikaa ilman meihin asettunutta Pyhää Henkeä." Kolminaisuusoppia voi pitää teoriana, joka selittää, miten informaatio leviää ihmisjärjen ulottumattomissa olevasta Jumalasta ihmiskuntaan niin, että vaikkapa "älä turhaan lausu Herran sinun Jumalasi nimeä" kaltaiset käskyt tulevat ymmärretyiksi. Jumalasta, informaation lähteestä päästään informaationkantajan Kristuksen välityksellä kohteeseen, ihmiseen. Pyhä Henki toimii sanoman koodin purkajana.

Kreikkalaiskatolinen kirkko tyytyi pitämään opin mystiikkana eikä yrittänyt sen järjellistä tulkintaa. Tästä syystä moderni tiede ei päässyt Bysantissa kehittymään, vaikka siellä kreikkalaisen tieteen teokset olivat käytössä niiden hävittyä katolisen kirkon maista 600 jaa jälkeen. Samoin kreikka oli siellä kansan kieli. Aikaa oli riittävästi, sillä muhamettilaiset valtasivat Konstantinopolin vuonna 1453 jaa.

Kolminaisuusoppi tarjosi runsaasti mahdollisuuksia olla eri mieltä ja sitähän oppineet aina harrastavat. Yksimielisyyttä yritettiin saavuttaa uhkailuilla. Nikean tunnustuksen lopussa sanottiin: "Mutta nuo, jotka sanovat " Oli aika, jolloin häntä ei ollut" ja "Häntä ei ollut ennen kuin hänet tehtiin "ja "Hänet luotiin tyhjästä " tai "Hän on toista substanssia tai olemusta;" tai "Jumalan poika luotiin," tai "muuttuva" tai "vaihtuva"- ne pyhä katolinen ja apostolinen kirkko tuomitsee." Konstantinopolin kokouksessa v. 381 jaa uhkaus poistettiin, mutta Athanasioksen tunnustus alkaa "Sen, joka tahtoo pelastua, on ennen kaikkea pysyttävä yhteisessä kristillisessä uskossa. Sitä on noudatettava kokonaisuudessaan ja vääntämättä. Joka ei niin tee, joutuu epäilemättä iänkaikkiseen kadotukseen." Tunnustus lopetettiin sanoihin "Hyvää tehneet pääsevät ikuiseen elämään, pahaa tehneet joutuvat ikuiseen tuleen. Tämä on yhteinen kristillinen oppi. Se joka ei usko sitä vakaasti ja vahvasti, ei voi pelastua!"

Näin väkevät uhkaukset saavat aikaan sen, että pelästyneet lukijat jättävät tekstin järkevyyden miettimättä ja tyytyvät siihen, että totta sen täytyy olla.

Harhaoppeja

Kristityt olivat tiukasti yhden jumalan kansaa, mutta lopulta heillä oli niitä kolme: Jumala, Kristus ja Pyhä Henki. Kirkkoisät ryhtyivät pohtimaan, miten voisivat silti väittää, että Jumalia on yksi ainoa ja saivat aikaan kolminaisuusopin. Jumalallisen informaation välitys vaati kaikkien kolmen hahmon käyttöä, mikä vaati runsaasti selittämättömän selittämistä. Julistettiin siis, että Jumalalla on kolme persoonaa, Isä, Poika ja Pyhä Henki. Kristuksella puolestaan oli yksi persoona, mutta kaksi luontoa, jumalallinen ja inhimillinen.

Lisää pulmia tuotti se, että kaikki kolme piti julistettaman ikuisiksi, mutta ei yhtä ikuisiksi. Tunnustus kertoo, että "Isää ei kukaan ole tehnyt, luonut eikä synnyttänyt. Poika on yksin Isästä, häntä ei ole tehty eikä luotu, vaan hän on syntynyt. Pyhä Henki on lähtöisin Isästä ja Pojasta, häntä ei ole tehty eikä luotu eikä hän ole syntynyt, vaan hän lähtee."

Kaikista kuviteltavissa olevista mahdollisuuksista piti valita yksi ja julistaa muut harhaopeiksi. Niitten mahdolliselle määrälle voisi laskea arvion. En yritä sitä, mutta kuvittelen, miten se tapahtuisi. Seuraavia aatoksia voisi pohtia ja laatia niistä jokaisesta oman kerettiläisyyden versionsa. Esimerkiksi ovatko kaikki kolme persoonaa jumalia vai eivät (tyydytään siihen, että epäily koskee vain Poikaa ja Pyhää Henkeä)? Lisäksi pitäisi päättää, käytetäänkö yhdestä persoonasta murtolukua 1/3 vai lukua 1. Ovatko kaikki kolme persoonaa ikuisia vai eivät ja missä mielessä ikuisia? Koska Jeesus on jotenkin syntynyt Isästä, Isän täytyy olla ikuisempi kuin Pojan, joten jo tuohon aikaan kristityt tiesivät, että äärettömyyksiä on erikokoisia ainakin ajan suhteen. Pyhä henki ei ole syntynyt, vaan lähtee, mutta onko ihan varmaa, että hän lähtee myös Pojasta? Onko hän lähtenyt Isästä ikuisesti vai aikojen alusta ja missä vaiheessa hän alkoi lähteä Pojasta? Onko näillä kolminaisuuden osilla yksi, kaksi tai kolme persoonaa? Voidaanko puhua kolminaisuuden osista vai ei? Entä nämä luonnot sitten: sovittiin, että Jeesuksella on yksi persoona, mutta kaksi luontoa (jumalallinen ja inhimillinen), mistä voisi kehittää useita muitakin mahdollisuuksia. Onko Pyhä Henki pelkästään persoona vai onko hänelläkin kenties noita luontoja ja mikä niiden laatu olisi? Ainakin jumalallinen luonto olisi ajateltavissa, jos inhimillinen jätetään pois. Laskelmassa on otettava mukaan myös Neitsyt Maria. Ollako neitsyt vai ei, voisiko olla jumalallisessa mielessä neitsyt, mutta maallisessa mielessä ei? Koska Jeesus sikisi Pyhästä Hengestä, siitä olisi voinut seurata taivaallinen kolmiodraama ellei Jumalaa ja Pyhää Henkeä olisi myöhemmin älytty yhdistää. Oliko Maria alun perin jumalallinen olento vai tuliko hänestä myöhemmin sellainen, oliko hän Jeesuksen jumalallisen persoonan vai maallisen luonnon vai molempien äiti jne.???jne. Mahdollisuuksien laskemisen jälkeen saadut luvut kerrotaan keskenään, mistä saatu suuri luku vahvistaisi käsityksen katolisen teologian rikkaasta tieteellisestä luonteesta. Laskut ovat kuitenkin ihmisälyn ulottumattomissa, koska kohdekin on siellä, joten en yritä tässä suorittaa niitä. Oikeitten vaihtoehtojen löytäminen on vaatinut ajan kirkonmiehiltä tarkkaa tieteellistä pohdintaa, joten ehkä Torrancen väitteissä on sittenkin jonkin verran perää.

Kolminaisuusoppi luo modernin tieteen idut

Totuus oikean opin muodossa ei olisi ikinä selvinnyt, ellei käyttöön olisi saatu hyviä ratkaisukeinoja: kokoustaminen ja yhteiskunnan väkivaltakoneisto. Erilaiset opit saivat kukoistaa rauhassa, kunnes 300-luvun alussa keisari Konstantinus alkoi suosia kristittyjä ja teki näitten uskosta virallisesti hyväksytyn. Vuosisadan lopussa kristinuskosta tehtiin valtakunnan pääuskonto ja muut julistettiin pakanallisiksi ja kiellettiin. Tämä tarkoitti myös kristittyjen keskinäisten oppiriitojen ratkaisemisen mahdollistumista.

Kristinuskon harhaopeista huomattavin oli areiolaisuus. Areios eli 300-luvun alussa Aleksandriassa. Hän kannatti ajatusta, jonka mukaan Jeesus ei ollut alun perin jumala, vaan nousi siksi kuolemansa jälkeen. Jumala ja Jeesus olivat erillisiä olentoja. Areioksen mukaan Jumala on ainoa syntymätön, ainoa ikuinen, ainoa aluton, ainoa oikea, ainoa kuolematon, ainoa viisas, ainoa hyvä, ainoa valtias. Mikäli teistifilosofeja on uskominen, tällainen ajattelu olisi estänyt tuosta tuhannen vuoden kuluttua tapahtuvan modernin tieteen synnyn. Nikean kokouksen päätökset ovat suorastaan sen varsinainen alku! Neitsyt Marian rooli tuotti myös tieteen kannalta tärkeän harhaopin. Konstantinopolin piispa Nestorius väitti, että Kristuksessa on kaksi persoonaa, toinen inhimillinen ja toinen jumalallinen (teologian tiede tietää, että Hänellä on yksi persoona ja kaksi luontoa). Hän ilkesi sitten vielä väittää, että Neitsyt Maria oli vain inhimillisen persoonan äiti, ei jumalan äiti. Aleksandrian piispaa Kyrillosta tämä ymmärrettävästi kauhistutti. Asia ratkaistiin kutsumalla Efesokseen kirkolliskokous v. 431. Suezin itäpuolella asuvat kannattivat Nestoriusta, länsipuolella Kyrillosta. Läntiset piispat saapuivat ensin, sulkivat ovet itäisiltä, jotka myöhästyivät, ja päättivät, että Kyrillos oli tosi.

Yhdysvalloissa käytetään nykyisin oikeudenkäynnin menetelmää ratkaisemaan evoluutioteorian ja luomistarun välisiä kiistoja siitä, kumpi on oikeampaa tiedettä, mutta Efesoksen kokouksen tarjoamaa mallia siellä ei tietääkseni ole käytetty. Iloitkaamme siis tieteen menetelmien kehityksestä.

Nestorius tuomittiin kerettiläiseksi ja joutui maanpakoon. Syntyi uusi harhaoppinen lahko, nestoriaanit. Nämä perustivat Persiaan Nisibiin teologian koulutuskeskuksen, jossa opetettiin kreikkalaista filosofiaa ja tieteitä, myös logiikkaa. He vaikuttivat huomattavasti persialaiseen sivistyselämään kääntämällä kreikkalaisen filosofian ja lääketieteen kirjoja syyrian kielelle. Kun alue joutui muslimien vallan alle, he vaikuttivat siihen, että muslimit omaksuivat Kreikan tieteen saavutukset ja kehittivät niitä edelleen. 1100-luvulta eteenpäin katoliset kristityt käänsivät puolestaan muslimeilta saatuja kreikkalaisen filosofian ja tieteen kirjoja latinaksi, minkä seurauksena tuosta 500 vuotta myöhemmin syntyi moderni tiede. Tai jos käytämme hyväksi faktaa, että moderni tiede syntyi jo islamin maissa, niin huomaamme, että sen syntyyn kolminaisuusopilla oli kummassakin tapauksessa tärkeä osuutensa nestoriaanien kautta. Ehkä Torrance ...

Jeesuksen historiallisuudesta

Maailmalla on runsaasti kirjallisuutta, jossa todistellaan, että Jeesus ei Maan päällä koskaan kävellyt. Tätä kirjallisuutta ei suomenneta, joten siinä mielessä kansamme (ainakin englantia osaamaton) pimeydessä vaeltaa. Kun Uuteen testamenttiin otettavista kirjoituksista päätettiin Nikeassa v. 325 jaa, valittavana oli runsaasti eri versiota, joista valittiin neljä. Muut määrättiin hävitettäviksi. Kristinuskon syntymisen alkuvaiheet ovat siten mahdottomia selvittää, joten tilaa kaikenlaisille spekulaatioille on runsaasti. Jos Jeesus todella eli, hänet myöhemmin yhdistettiin filosofian Logokseen. Tai sitten Filonin kirjoitusten Logoksesta tehtiin materiaalinen hahmo. Ihmiset tajuavat helpommin maalliset viestintuojat ja mikä olisi maallisempaa, kuin lihallinen Kristus. Kuva konkretisoitiin sitten inhorealismin suuntaan laittamalla Logos vuotamaan verta ristinkuolemassaan. Allegorisesti voimme tulkita sen, että siinä itse Järki teilattiin.

Kreikan filosofian myrkyttämät juutalaiset olivat kehittäneet Logokselle oman vastineensa, Sofian, Viisauden, jonka selitettiin olevan Jumalan suunnitelma luonnossa tai muuten käsittämättömän Jumalan ihmisen käsittämä puoli. Viisauskirjallisuus antoi ohjeita, miten tuli elää hyvää elämää, joten siitä puuttui älyllinen "luonnontieteellinen" aines, mikä kreikkalaisessa Logoksessa oli oleellista. Aleksandrialaiset kreikkalaisen filosofian ja Filoninsa tuntevat kirkkoisät käyttivät Sofian asemesta Logosta. Ockhamin partaveitsi puoltaa tätä valintaa yksinkertaisempana selityksenä, koska Sofian tapauksessa olisi vaadittu sukupuolen vaihdos. Frank Tipler on esittänyt teorian, jonka mukaan Jeesus oli neitseellisesti syntynyt XX-mies, siis mies, jonka sukupuolen määräävät kromosomit ovat naisen. Siis ilmiselvä risteymä Logoksesta ja Sofiasta. Sanoman siirto ja tallennus vaativat materiaaliset alustat ja mikäpä olisi materiaalisempaa kuin liha ja veri. Seuraajien kautta sanoma tallentui pyhiksi kirjoituksiksi, vaikka tallennuksessa tapahtuneitten virheitten määrä ylitti reilusti kohtuulliset vaatimukset. Lähteen itsensä ei tarvinne olla materiaalinen, vaikka lähettimen kenties pitää, mutta näissä asioissa on paras julistaa selitys ihmisjärjen ulottumattomiin. Jeesuksesta tuli siis Logos tai Logoksesta Jeesus. Tai ensin Logoksesta tuli Jeesus ja sitten tästä Jeesuksesta taas Logos. Lopulta hahmot julistettiin yhdeksi ja samaksi Jumalan kanssa. Jeesuksen elämästä ei ole tiedossa historiallisia faktoja. (Evankeliumien tekstejä ei lasketa sellaisiksi). Oletetun Jeesuksen ajan juutalaiset tai roomalaiset kirjoittajat eivät kerro hänestä. Voimme hyvin ajatella, että evankeliumit ovat romaaninluonteista tarinointia. Markuksen evankeliumi on kirjoitettu ensin ja muut ovat käyttäneet sitä mallinaan. Lähtökohdaksi on otettu Vanhassa Testamentissa ennustettu Messiaan tulo. Myöhemmät kirjoittajat ovat sitten verranneet Markuksen tekstiä Vanhaan Testamenttiin ja korjanneet kohtia, jotka ovat ristiriidassa sen kanssa. Jokainen evankeliumi on moneen kertaan muokattu ennen päätymistään viralliseksi Jumalan sanaksi.

Paavalin kirjeet ovat evankeliumeja aikaisempia. Paavali ei kerro mitään yksityiskohtia Jeesuksen elämästä eikä välitä Jerusalemin pyhistä paikoista siellä käydessään. Jotkut tutkijat pitävät hänen Kristustaan henkisenä hahmona, jolla ei tarvitse olla mitään maallista ihmisvastinetta. Kirjeessä kolossalaisille Paavali lausuu seuraavat sanat:" Hän on näkymättömän Jumalan kuva, esikoinen, ennen koko luomakuntaa syntynyt. Hänen välityksellään luotiin kaikki, kaikki mitä on taivaissa ja maan päällä, näkyvä ja näkymätön, valtaistuimet, herruudet, kaikki vallat ja voimat. Kaikki on luotu hänen kauttaan ja häntä varten." (Kol. 1:15–16)   Paavali tunsi hyvin Kreikan filosofian, liekö tuntenut myös Filonin? Paavali oli juutalainen eikä pitänyt Kristusta Jumalana.

Kreikan filosofien Logos, jota voi pitää nimityksenä ihmisen kyvylle ymmärtää maailmaa, siirtyi näin tavallisten ihmisten ymmärryksen ulottuviin Kristuksen hahmossa. Se koki inkarnaation, siis muuttui henkisestä oliosta ihmiseksi. Inkarnaatioteologia kertoo, että Jumala tuli ihmiseksi Jeesus Nasaretilaisessa, joka on samaa olemusta kuin Isä Jumala. Teistifilosofit valistavat meitä, että tämä tuo korostetusti esille kristillisen käsityksen maailmankaikkeuden satunnaisuudesta. Kun huomio keskittyy Jeesuksen elämän historiallisiin tapahtumiin, niin tämä ja satunnaisuus sitten jotenkin tarjoaa innoituksen sellaiselle tieteelliselle tutkimukselle, jossa painopiste on empiirisessä havainnossa eikä järjen välttämättömissä totuuksissa.

Edellä mainittuja väitteitä on vaikea niellä, mutta uskotaan nyt. Minun versioni, joka olettaa ensin Logoksen ja tämän inkarnoinnin sitten Kristukseksi, palauttaa kunnian empiirisen tutkimisen keksimisestä Kreikan filosofiaan. En keksi, miten saisin tuosta Logoksesta loogisen selityksen empirian myöhemmälle suosiolle, joten lainaan, raskain mielin toki, selityksen näiltä teistifilosofeilta. Henkinen aineeton Logos selitti vain ihmisen rationaalisen ajattelun kyvyn. Se piti muuttaa ensin ihmiseksi, lähettää Maan pinnalle hetkeksi vaeltamaan muka käsityöläisperheen poikana, jotta tieteen tekijät lopulta, vain 1500 vuoden kuluttua tästä, keksisivät, että kas, Logos halusi ihan kädestä pitäen näyttää, että kokeellista tiedettä piti harrastaa. Tehokkaampaa olisi ollut laittaa Logos itse Jeesuksen hahmossa tekemään työtä käsillään, mutta siihen tämä oli sentään siihen liian henkinen olio. Oli ihan oikein, että pysyttiin kohtuudessa eikä liioiteltu.

Luku 5 Luomiskertomuksesta nykyaikaan.

Luomistaru on tieteen ja uskonnon liitoskohta, jonka tutkimisessa niiden oleellinen ero kristinuskon synnystä lähtien ilmeni: uskonto lukitsee "totuutensa" lopullisiksi, kun taas tieteen edistys vaatii, että saavutetut tulokset on muutettava, jos luonnosta tehdyt havainnot osoittavat väitteet vääriksi. Kristinuskon ensimmäisten vuosisatojen aikana aiheesta kirjoitettuja tutkielmia kutsuttiin nimellä hexamera-kirjallisuus, mikä on kreikan kielen kuutta päivää tarkoittava sana. Pyhä Basilius (300- luvulla) kiteytti hyvin tieteen parhaan ominaisuuden: " Kreikan viisaat miehet kirjoittivat monia töitä luonnosta, mutta mikään niistä ei jäänyt muuttumatta ja lujasti perustetuksi, sillä myöhempi selitys aina syrjäytti aikaisemman". Hän tosin tarkoitti tämän moitteeksi.

Tieteeseen kuuluu oleellisesti falsifioinnin, vääräksi osoittamisen mahdollisuuden vaatiminen teorioitten hyväksymisen ehtona. Uskonnot, joilla on pitkälle kehitetty teologia, puolestaan tekevät kaikkensa, että opit ovat moisen hirvityksen ulottumattomissa.

Luomiskertomuksen juuret

Raamatun luomiskertomus on pitkän eri kansojen keskuudessa harrastetun tarinankertomisen tuote, jota ei alun perin tarkoitettu todesta otettavaksi. Juutalaiset saivat sen babylonialaisilta, jotka olivat perineet sen sumerilaisilta ja nämä herra ties mistä. Eufrat- ja Tigris-jokien suistomaa on vetistä ja mutaista, mistä syystä babylonialaisten maan tomu oli märkää. Joten siitäpä tarujen jumalat saivat materiaalinsa.

Raamatun sanoista "alussa jumala loi taivaan ja maan", ei sanota, mistä se luotiin, joten siitä voi toki päätellä, että ehkä ei mistään. On väitetty, että tässäkin on kyseessä käännösvirheestä. Pappiskirjassa, josta kertomus vanhaan testamenttiin siirtyi, kerrottiin maailmansynnystä vetisestä syvyydestä. Kuivan ja kuuman maan asukkaat pitivät kenties parempana pöllyävää tomua, joka on kieltämättä henkisempää ainesta. Lopulta kristinusko kehitti henkisimmän mahdollisen materiaalin, ei-minkään: Jumala loi kaiken tyhjästä, ex nihilo. Kirkkoisä Origenes ei ex nihiloluomisesta 200-luvun alussa tiennyt, mutta 300-luvulla Areios ja Athanasius jo tiesivät. Nikeian kirkolliskokous teki opista v. 325 siitä totuuden, jolloin tämäkin luonnontieteellinen fakta lukittiin lopullisesti. Babylonialaiset esittivät Enuma elisi-runoelmaa uuden vuoden juhlissaan. Runoelmassa kerrottiin, miten jumalia syntyy peräkkäin kuusi sukupolvea. Ensimmäinen sukupolvi käsittää kolme jumalaa: Apsu, joka tarkoittaa makeaa jokivettä, Tiamat (suolainen meri) ja kaaoksen kohtu Mummu. Nämä puolestaan loivat lisää jumalia, joista viimeinen, kuudes sukupolvi, oli auringonjumala Marduk. Tämä tekaisee ihmisen jumalten orjaksi, minkä jälkeen jumalat voivat levätä. Ihmisen ainekset saadaan maasta ja arvottomimmasta jumalasta, joka joudutaan ensin tappamaan. Juutalaiset tyytyivät lopulta, pitkän kehityksen jälkeen, yhteen luojajumalaan, joka teki ihmisen maan tomusta. Siitä seurasi ihmisen ja Jumalan täydellinen erottaminen, minkä jälkeen ihmisessä ei enää ollut edes tapetun jumalan materiaa. Ehtoollisen antimien tosin väitetään muuttuvan murhatun Jumalan lihaksi ja vereksi, joten tässä mielessä tarina Jeesuksesta merkitsee paluuta entiseen.

Luomiseen käytetyt kuusi päivää kiusasivat kristittyjä, sillä kaikkivoivan Jumalan olisi luullut pystyvän sukkelampaan suoritukseen. Ajasta tuli muutenkin tärkeä aihe kreikkalaista filosofiaa osaaville kirkkoisille. Näiden piti selittää pois Aristoteleen väite ikuisesta luomattomasta universumista ja kreikkalainen käsitys valmiin materian muovaamisesta luomisen aktissa.

Aika ja luominen

Aihe sopii uskontoon hyvin. Asiasta on mahdoton tietää lopullista totuutta. Toisaalta aivojen kuvittelukyky joutuu koetukselle, josta se ei selviä. Ikuisuus on jotenkin käsitettävissä, mutta ajatus, jonka mukaan aikaa ei ennen kosmoksen luomista ollut, hiertää pahan kerran. Ei auta kertoa, että asiasta ei voi puhua, koska aikaa ei ennen sen syntymistä ollut. Koska käsitteet, jotka ovat käytettävissä, ymmärretään ajan puitteissa, pitäisi määritellä "ajatonta" koskevat omat terminsä. Aristoteles tyytyi pitämään kosmosta ikuisena molempiin suuntiin. Platon väitti, että aikaa ei ennen kosmoksen luomista ollut ja törmäsi vaikeuksiin.

Platon perusteli kosmoksen ajallista syntyä tietoteoriallaan: aistien havaittavissa oleva ei voinut olla ikuista. Aika puolestaan sai alkunsa universumin synnyn yhteydessä. Päivät, kuukaudet ja vuodet ovat ajan osia, eikä niitä ollut ennen Auringon, Kuun ja planeettojen luomista. Menneisyys ja tulevaisuus ovat ajan luotuja lajeja. Aika määräytyy luvun mukaan, mutta ikuisuus lepää ykseydessä. Siitä ei voi ottaa erilleen mitään. Demiurgi sai idean ajan luomiseen iloitessaan työnsä tuloksista. Hänen mieleensä juolahti, että mitä jos yrittäisi saada universumista vielä enemmän ideamaailman kaltaisen tekemällä siitä ikuisen. Tai koska se oli mahdotonta, niin edes lähes. Kun ajatellaan, että universumi ja aika syntyivät yhdessä ja ne myös häviävät yhdessä, niin universumi on tässä mielessä ikuinen? Platonkin toteaa, että tätä asiaa pitää käsitellä tarkemmin sopivammassa yhteydessä.

Platonia 300 vuotta myöhemmin elänyt Filon Aleksandrialainen painotti omassa luomisen selityksessään, että aikaan liittyviä käsitteitä käyttävää Raamatun luomiskertomusta ei voinut tulkita kirjaimellisesti. Hän kehitti platonismiin perustuvaa käsitystä, jonka mukaan Jumala teki luomistyötään koko ajan, joten maailma ei ollut oikeastaan olemassa vaan vain tulemassa olemassaoloon. Se lienee ollut yritys yhdistää ajaton jumala ja ajallinen maailma, mutta onnistumisen laita on niin ja näin.

Augustinuksen käsitys ajasta

Filon aloitti Hexamera-kirjallisuuden. Hänen jälkeensä ensin kreikkalaiset ja sitten latinalaiset kirkkoisät kehittivät aiheesta omat versionsa. Tietämys edistyi tänä aikana suuresti, sillä kirkkoisä Augustinus tiesi 400-luvun alussa maailman ex nihilo- luoduksi.

Augustinus oli nuoruudessaan innokas naistenmies, mistä syystä hän oli asiantuntija sukupuolisen himon aiheuttamien syntien suhteen. Hän hyödynsi tätä tietouttaan tarmokkaasti kirjoittamalla aiheesta uskonnollista filosofiaa, joka on tuottanut läntiselle Euroopalle runsaasti harmia, varsinkin perisynnin inventoimisella. Sota riehui kaikkialla valtakunnassa, joten oli hyvin ajankohtaista käsitellä kysymystä, tekivätkö raiskatut naiset syntiä joutuessaan raiskatuiksi. Augustinus päätteli armeliaasti, että eivät, sillä ehdolla, että eivät aktista nauttineet.

Toisaalta hän ei tinkinyt logiikastaan joutavien inhimillisyyksien takia.

Hän väitti, että myös kastamattomat lapset ovat perisynnin takia syntisiä ja joutuvat kadotukseen. Hänen mielestään kaikki, mitä Jumala teki, oli oikein, oli se ihmisten mielestä sitten miten väärin tahansa. Tämä lienee kaikkien nihilististen moraalikäsitysten äiti.

Augustinus käsitteli aikaa subjektiiviselta kannalta. Hän sanoi, että on todella olemassa vain kukin kuluva hetki, mutta ei menneisyyttä eikä tulevaisuutta. Niistä on käytännössä pakko puhua, joten hän määritteli kolme aikaa: menneiden asioiden nykyisyys (muisti), nykyisten asiain nykyisyys (havaitseminen) ja tulevien asioiden nykyisyys (odotus). Aika on ihmisen mielessä, kun hän muistaa, ajattelee ja odottaa tulevaa. Aikaa ei ole ellei ole sitä tajuavaa olentoa, joten ennen eläviä olentoja ei aikaa ollut.

Augustinus totesi, että kysymys siitä, miksi maailmaa ei luotu aikaisemmin, on mieletön. Ennen maailman luomista ei ollut aikaa, vaan Jumala loi sen samalla. Aika alkoi, kun luodut olennot alkoivat liikkua. Jumalassa ei ole mitään "ennen" ja "jälkeen"-juttuja, vaan on ikuinen "nyt "-tila. Ei voi myöskään sanoa, että Hän oli olemassa ennen kuin loi universumin, sillä Hän on täysin ajan ulkopuolella.

Luomista Augustinus käsitteli kesken jääneessä kirjoituksessaan Genesiksen kirjaimellinen merkitys. Jeesus Siirakin kirjassa sanotaan, että "hän, joka elää ikuisesti, loi kaikki asiat yhdessä ", mikä tarkoittanee, että samalla kertaa ja ilman, että siinä kului aikaa ollenkaan. Hyväksymällä tämän Augustinus pääsi eroon kuuden päivän kestosta. Hän selitti, että Jumala päätti kuvata luomista päivä päivältä, jotta nekin, jotka eivät pysty ymmärtämään sanontaa "loi kaikki asiat yhdessä", asian käsittäisivät.

Augustinus sanoi, että vaikka kaikki luotiin kerralla, ne silti luotiin kerrotussa järjestyksessä. Jumala näet loi käsitteet "ennen" ja "jälkeen" kaiken muun kaman kera. Ne sisältyivät tähän ajattomaan luomisen hetkeen jotenkin.   Hän sanoo myös, että Jumala loi aineen ja muodon samalla kertaa, ei siis niin, että ensin luotiin materia ja sitten siitä tehtiin universumin oliot.

Augustinus välttää Raamatun sanojen kieltämisen toteamalla, että Jumala loi kaikki sekä samanaikaisesti että kuudessa päivässä. Se todistaa, että mies oli todellinen filosofi. Jumala loi kaiken tavalla, josta Augustinus käytti nimitystä rationes seminales. Se tarkoittanee jotain sellaista, että ne luotiin kehityskelpoisina "siemeninä", joista ne ajan kanssa, niinä kuutena päivänä kai, sitten kehittyivät. Jos haluaa korostaa sitä, miten kristinusko edisti luonnontiedettä, tästä voi kehitellä johtopäätöksen, jonka mukaan Augustinus kannatti luonnonlain ajatusta. Jumalan ei tarvinnut enää luomisen jälkeen luonnon kulkuun puuttua.

Nykyinen käsitys ajasta

Aristoteles sanoi ajan olevan liikettä, joka voidaan laskea. Ehkä hän ajatteli sitä, että laskemme ajan Kuun ja Auringon liikkeitten avulla. Aristoteles aprikoi myös, että voisiko aikaa olla olemassa, jos ei ole ketään, joka on sitä laskemassa. Toisaalta hän ajatteli, että koska liikettä on aina olemassa, on siinä mielessä ollut myös aikaa.

Platonin ja Aristoteleen ajoista on kulunut 2400 vuotta. Lienee siis mahdollista tehdä lopullista selvää ajan käsitteestä käyttämällä tieteen nykyistä tietämystä hyväksi.

Fysiikan lait eivät välitä siitä, kulkeeko aika eteenpäin vai taaksepäin. Kvanttifysiikassa on havaittu, että sama hiukkanen voi olla eri paikoissa samaan aikaan. Se on helppo selittää: hiukkanen kulkee ensin jonkin paikan kautta, palaa sitten ajassa taaksepäin ja livahtaa eteenpäin toista reittiä. Onneton mittaaja havaitsee saman hiukkasen eri paikoissa samalla hetkellä ja ryhtyy kenties selittämään sitä (ainakin, jos ei ole viisas kvanttifyysikko vaan ikävä teistifilosofi) yliluonnollisena ilmiönä, jolloin sitä ei tarvitse selittää. Samalla syy - seuraussuhteet ovat muuttuneet siten, että tapahtuman syy saattaakin olla tulevaisuudessa, mikä puolestaan tuottaa suurta iloa ajattelijoille, joiden mielestä ihmisen elämällä on päämäärä, johon kaikki tähtää.

Kaksi ajan suuntaa tuntuvat perin niukoilta vaihtoehdoilta, joten odottelemme fyysikko-filosofia, jota keksii ajalle muitakin suuntia, jopa sellaisia, joiden sisäistämiseen kuvittelukykymme riittää. Puhutaan tosin imaginaariajasta, mutta sen suunta on määrittelemätön eikä sitä ei voi ottaa lukuun muuten kuin laskuissa.

Fysiikka on se tieteen ala, josta teistit nykyaikana hyödyntävät eniten yrittäessään vakuuttaa muutkin kuin uskovat siitä, että luomistarina on totta. Suhteellisuusteoria ja Big Bang ovat mukavia riiston kohteita. Suhteellisuusteoria selittää ajan olevan yksi avaruuden ulottuvuuksista kolmen avaruudellisen ulottuvuuden lisäksi. Kun tähän lisätään Big Bangteoria, jonka mukaan universumimme syntyi 13,7 miljardia vuotta sitten äärettömän tiheästä pisteestä, singulariteetista, niin uskonnollinen käsitys luomisesta saa tukea. Koska aika-avaruus on yksi kokonaisuus, ajan täytyi syntyä samalla kuin universumikin. Teoriat antavat luomiselle jopa nollahetken, josta kaikki alkoi.

Stephen Hawking, joka oli mukana kehittämässä universumin singulariteetista räjähtämisen teoriaa, on myöhemmin todennut, että singulariteettia ei ollutkaan. Se katoaa, kun kvanttiefektit otetaan huomioon. Nykyajan kosmologia käsittää universumin valtavan paljon monimutkaisempana kuin kristinuskon synnyn aikoihin. Puhutaan multiversumista, jossa näitä universumeita on jopa ääretön määrä. Kun tuolle tielle lähdetään, meillä on ennen pitkää teoria multiversumien multiversumista jne.

Kaikki eivät hyväksy myöskään ajatusta, että aika syntyi alkuräjähdyksessä. Meidän universumimme aika syntyi silloin, mutta on muitakin universumeita ja niillä omat aikansa, joten kokonaisuutena lienee parempi puhua ikuisuudesta.

Näyttää siis siltä, että aika on hämärä käsite kaikesta tieteen kehityksestä huolimatta. Onneksi tarjolla on hyvä keino. Kun Ockhamin partaveitsellä leikataan rönsyt pois, saadaan helposti ymmärrettävä tulos: aika on illuusio.

Osa II Logoksen juhlat

Luku 6 Järjen aikakauden enteet

Teologit ihastuvat logiikkaan

Matemaattiset ja loogiset menetelmät sopivat matematiikan, lakitieteen ja uskonnon kaltaisiin aloihin, koska niissä premissien asema on selvä. Matematiikassa lähtökohdat määritellään eikä niillä ole totuusarvoa. Lait säädetään yhteiskunnassa vallitsevia moraalisia ja uskonnollisia käsityksiä myötäillen. Niiden totuudet ovat sovittuja eikä niitä epäillä samassa mielessä kuin luonnontieteen faktoja. Uskonnoissa aksioomat uskotaan varmoiksi, mitä parempaa perustetta ei ole olemassakaan, varsinkin kun niiden kiistäminen julistetaan synniksi ja käännetään lakipykäliksi, jolloin niistä tulee rangaistavia rikoksia.

Kirkkoisä Augustinus 400-luvulla arvosti logiikkaa, ei itsenäisenä alana sinänsä vaan uskonnon palkkapiikana. Hän antoi hyviä neuvoja siitä, kuinka logiikkaa piti soveltaa uskon dogmeja vahvistamaan.

Augustinus neuvoi, että ennen kaikkea tuli pitää huolta siitä, että premissit olivat oikeita, mikä sinänsä on ihan hyvä ohje. Jos oletetaan aluksi, että kuolleitten ylösnousemusta ei ole, niin johtopäätökseksi tulee, ettei Kristuskaan noussut kuolleista. Johtopäätös on väärä, joten oletuskin on. Piti lähdettämän oletuksesta, että Kristus nousi kuolleista, koska siitä seuraa oikea tulos, kuolleitten ylösnousemus. Tämä on logiikkaa parhaimmillaan: tulos tiedetään, joten pitää vain osata valita oikeat oletukset.

Hän arvosti myöhemmin runsaasti harrastettuja sofismeja, jossa viisaskin saatettiin erehdyttää nokkelalla, mutta väärällä päättelyllä, uskomaan valheita. Oletettavasti hän pelkäsi vääräuskoistenkin niitä osaavan ja soveltavan, joten kunnon kristityn tuli opiskella logiikkaa oppiakseen torjumaan ne.

Kristinuskon logiikan käytön suosimiseen vaikutti Augustinuksen ohella roomalaisen ylimysperheen vesa Anicius Manlius Severinus Boethius (k. 524 tai 525). Roomaa hallitsi hänen aikanaan barbaarikuningas Teoderik, jonka palveluksessa Boethius oli. Kuningas teloitutti hänet petoksesta epäiltynä, mikä tekee Boethiuksesta kristityn marttyyrin.

Boethius käänsi latinaksi viisi Aristoteleen logiikan ja tieteellistä ajattelua käsittelevää kirjaa, joihin hän laati selityksiä, kommentaareja. Hänen logiikkansa tunnettiin vanhan logiikan nimellä, joka myöhemmin korvattiin Aristoteleen vielä vanhemmalla alkuperäisellä logiikalla. Boethius aloitti tavan soveltaa aksiomaattista tieteen mallia uskontoon. Hän kirjoitti teologisia tutkielmia, joissa loi uskon opeille aksioomia ja määrittelyjä. Boethiuksen kanta oli, että tutkimus piti viedä järjen avulla niin pitkälle kuin ihmisen äly ylsi. Taivaallisen tiedon korkeuksiin sai kiivetä, vaikka yritys epäonnistuisi, mihin kolminaisuuden selittämisen yritys vääjäämättä johti.

Yhteiskunnallisten olojen rauhoituttua 800-luvun paikkeilla maanviljelyksen ja kaupan kehityksen myötä väestö kasvoi ja kaupungit kukoistivat. Näitten asukit puolestaan tarvitsivat muutakin kuin teologiaa, mikä johti luostari- ja katedraalikoulujen kehittymiseen. Koulut opettivat maallisia aiheita, kuten triviumin sisältämät kielellisen opetuksen aineet logiikan (dialektiikan), grammatiikan ja retoriikan. Tieteellisen puolen muodostivat quadriviumin aritmetiikka, geometria, astronomia ja musiikki.

Logiikka nousi arvoon arvaamattomaan. Kristityt, joitten oppien ytimessä ovat Jeesuksen kokemat kärsimykset, halusivat kiihkeästi ylittää tämän koettelemukset. Opiskelemalla vaikeaa ja vastenmielistä Boethiukselta peräisin olevaa logiikkaa siitä sai pientä esimakua.

Teologit ojentavat logokselle sormensa ja se vie koko käden

Kun papiston edustajat oppivat loogisen ajattelun välineet, he alkoivat soveltaa niitä uskon oppeihin. Ehtoollinen, inkarnaatio, kolminaisuusoppi ja ylösnousemus olivat kiellettyjä aiheita, joita pidettiin järjellisen analyysin saavuttamattomissa olevina asioina, mutta... niin, älyköt vakuuttivat, että usko on ensin ja järjen käyttö sitten ja piru (siis Logos) pääsi irti. On aina helpompi uskoa väitteeseen, jos sen käsittää mielekkääksi. Jos alkoi ajatella, että joku uskon dogmi ei ollutkaan järkevä, sen voi aina julistaa järjen yläpuolella olevaksi ja säilyttää uskonsa siihen.

Ehtoollinen oli helppo selitettävä kolminaisuuteen verrattuna. Jumalan olemassaolo puolestaan ei tuona aikana tarvinnut mitään todistamisia, mutta jos sen logiikan avulla teki, ei voinut epäonnistua. Jokainen oli valmis uskomaan mitä tahansa sitä todistelevia ajatusten kiemuroita, varsinkaan, jos ei ymmärtänyt niitä.

Ehtoollisen arvoitusten purkamiseksi riitti selvitä siitä yksinkertaisesta ihmeestä, jossa leipä ja viini muuttuivat ehtoollisessa, papin loitsuamisen ansiosta, 1000 vuotta aikaisemmin kuolleen Kristuksen lihaksi ja vereksi. Mikäli uskomme, ettei Jeesus koskaan elänyt, ongelma vaikeutuu tai häviää kokonaan, näkökannasta riippuen. Aristoteleen fysiikan opit eivät tarjonneet suoraa selitystä. Hän oli opettanut, että kaikki aine koostuu perusaineesta, jolla ei ole mitään ominaisuuksia. Muoto tekee perusaineesta sitten eri oliot ja antaa niille ominaisuudet. Aksidentaaliset ominaisuudet ovat muuttuvia. Esimerkiksi otuksilla, joita kutsumme koiriksi, on joukko oleellisia ominaisuuksia, jotka tekevät siitä koiran. Nykyisin ainoa varma menetelmä siihen on, että jos myyjä väittää, että se on koira, se on koira. Koirien koko, väri, karvapeite, jalkojen pituus jne vaihtelevat ilman, että koira muuttuu ei-koiraksi. Aristoteles väitti myös, että ominaisuuksia ei ollut itsekseen olemassa, vaan ne esiintyivät vain substanssin yhteydessä. Koiran hännän pituus on olemassa vain, jos on koira, jonka hännän voi mitata.

Berenger-niminen teologi (1000-luvulla) otti logiikan tosissaan ja väitti, että koska ehtoollisessa leivän ominaisuudet säilyivät, myös leivän muoto säilyi eikä korvautunut Kristuksen muodolla. Selitys kielsi leivän ja viinin muuttumisen Kristuksen lihaksi ja vereksi eli transsubstantiaation. Siinä ajateltiin, että leipä ja viini vain jotenkin edustivat Kristusta. Tämä jos mikä osoittaa, että miten järki viettelee hirveille harhapoluille. Ymmärrämme hyvin, että Berengeria syytettiin harhaoppiseksi. Lanfranc-niminen oppinut kehitti selityksen, joka oli hyväksyttävissä. Uskonnot ovat aina sallineet maallisten oppien muuttamisen tarpeen vaatiessa. Tässä tapauksessa piti vain todeta, että jos Jumala halusi, hän pystyi toki luomaan aksidenssin oleilemaan ilman substanssia. Leivän ja viinin substanssit saattoivat korvautua Kristuksen substanssilla, jolloin ehtoollisaineitten aksidenssit jäivät muuten vain leijumaan ilman isäntiä. Siis leivän sitkeys ja viinin happamuus maistuivat edelleen, jotenkin ylimaallisesti. Kristuksen substanssi puolestaan esiintyi ilman siihen kuuluvia aksidentaalisia ominaisuuksia, mitä ehtoollisen antimia nauttiva pitää epäilemättä siunauksena.

Ehtoollisen fysiikka kehittyi kohti tarkempia analyyseja. Aristoteles oli väittänyt, että dimensiot (pituus, leveys, korkeus) esiintyivät vain kappaleisiin liittyen. Paikka puolestaan tarkoitti aina kappaleen rajaamaa aluetta eikä sitä ollut ilman tuota esinettä. Teologit epäröivät väittää, että kun uskovat hampaat mursivat ehtoollisleivän, myös Kristus siinä samalla paloiteltiin kappaleiksi. Niinpä piti selitettämän, miten tämä saattoi olla miten pienessä palassa ehtoollisleipää tahansa kokonaisena. Piti otettaman kantaa siihen, oliko Kristuksella ulottuvuuksia ollenkaan ja saattoiko hän olla jossain olematta missään paikassa. Siis loputtomasti pulmia, mutta niistä selvittiin muuttamalla Aristoteleen oppeja aina tarpeen mukaan.

Viisaat miehet ovat epäilemättä nauttineet suuresti teroittaessaan älynsä okaita dogmien analysointiin. Anselm väitti pystyvänsä näyttämään toteen Jumalan olemassaolon pelkästään loogisiin argumentteihin nojaten, vetoamatta ilmoitukseen. Hän kehitteli todistuksia, joista kuuluisin on ontologinen todistus. Muut loivat lisää. Niihin ei ole uskottu enää muutamaan sataan vuoteen, mutta uskomattomat kirjoittajat edelleen katsovat velvollisuudekseen kumota ne teoksissaan. Uskovat puolestaan laativat uusia versioita, joita uskomattomat kumoavat, joten nautinto on molemminpuolista.

Kolminaisuusoppi on ehtoollisen selittämistä kiemuraisempi haaste. 1100-luvulla vaikutti neroksikin ylistetty Pierre Abelard (k. 1147), jonka ihmiset muistavat hänen traagisesta rakkausjutustaan Heloise-nimisen neidon kanssa. En halua tässä vakavassa esityksessäni kertoa sensaatiojuttuja, mutta kerron kuitenkin, että neidon holhooja palkkasi miehiä kastroimaan Abelardin. Haluan sillä vain osoittaa vääriksi väitteet, että miesten järki on kyseessä olevissa elimissä, sillä toimenpiteen jälkeenkin Abelardin äly säilytti terävyytensä.

Abelard vakuutti, että hän piti kiinni ilmoituksen sanasta, mutta katsoi, että ne piti myös järjellä ymmärtää. Hän kirjoitti tutkielman Sic et Non (Kyllä ja Ei tai Puolesta ja vastaan), jossa hän esitti sarjan teologisia kysymyksiä. Esimerkiksi: " että ihmisjärki ei tue uskoa, et contra (ja päinvastoin) ". Näihin hän esitti sekä myöntäviä että kieltäviä kirkkoisilta saatuja argumentteja. Vaikka Abelard vakuutti rationaalisen tutkimisen tärkeyttä sanomalla, että "nostamalla esiin kysymyksiä me alamme tutkia, ja tutkimalla me saavutamme totuuden", kirkon oppeihin vakavasti suhtautuvat tajusivat, että huomatessaan kirkkoisien räikeät erimielisyydet maallikot saattaisivat alkaa epäillä näitten sanomisia yleensäkin. Abelard itse ei edes esittänyt kysymyksiin omia ratkaisujaan. Perinteisemmät oppineet sanoivat, että uskon asioita piti tutkittaman rakkaudella eikä järjellä, mistä sanonta " rakkaus tekee sokeaksi " on peräisin.

Abelard vetosi siihen, että kun verrataan, mitä eri kirjoittajat sanovat ja yritetään onkia niistä todelliset tarkoitukset, voi olla, että sanojen eri merkitykset nousevat esiin. Tai että erilaiset lausumat voivat olla seurausta käännösvirheistä tai kopioinnissa tapahtuneista virheistä. Jos tämän analyysin jälkeen kaksi auktoriteettia oli edelleen eri mieltä, piti ottaa laajempi näkökulma, joka kenties selittäisi asian.

Abelard kirjoitti kirjan kolminaisuusopista kehittäen sen myötä logiikkaa, jotta olisi löytänyt selityksen. Hän joutui myöntämään, että ei onnistunut, mutta ajatteli päässeensä niin pitkälle kuin mahdollista. Kirjan takia häntä syytettiin kerettiläiseksi ja tuomittiin polttamaan teoksensa. Myöhemmin hän palasi kirjansa pariin ja joutui taas syytetyksi sen takia. Hänet tuomittiin uudelleen Sensin kirkolliskokouksessa ja pakotettiin lopettamaan opetustyönsä. Tuolloin hän oli jo niin vanha, että ei jaksanut vastustella ja vetäytyi luostariin loppuelämäkseen.

Teologia tieteenä

Abelardin mallin mukainen teologian harjoitus sai jalansijaa. 1100-luvun lopulla siitä alettiin kehittää aksiomaattisen mallin mukaista tiedettä. Tuon ajan tärkein kirja oli Petrus Lombarduksen vv. 1155-58 välisenä aikana julkaistu Sentenssit (Quatuour Libri Sententarium, neljä kirjaa mielipiteitä). Kirjan osat olivat Jumala, Luominen, Inkarnaatio ja Sakramentit. Lombarduksen tärkein lähde oli Pyhä Augustinus, mutta hän sai vaikutteita myös Abelardilta.

Lombardus yritti esittää asiat niin loogisesti kuin mahdollista. Yhteys luonnonfilosofiaan syntyi varsinkin Luominen-osan kautta. Kirjan suosio takasi, että teologien ja sen opiskelijoitten mielenkiinto seuraavina vuosisatoina suuntautui voimakkaasti myös luontoa koskeviin kysymyksiin. Tutkielmien aiheet saattoivat olla nimellisesti teologisia, mutta niissä käsiteltiin puhtaasti luonnonfilosofian pulmia. Paavit 1300-luvulla vihjasivat lempeään tyyliinsä, että Raamattuakin sopisi välillä käyttää teologian oppien lähteenä Lombarduksen teoksen asemesta. Tuomas Akvinolainen (k. 1272), enkelitohtori, on katolisen kirkon vaikutusvaltaisin filosofi. Arabifilosofi Averreosin seuraajat lännen yliopistoissa korostivat kahden totuuden oppia: teologien ilmoitukseen perustuva totuus ja filosofien järkeen perustuva totuus saattoivat poiketa toisistaan. Yliopistojen luonnonfilosofit käyttivät tätä hyväkseen sanoessaan, että filosofisesti puhuen on näin ja teologisesti näin ja olivat ikään kuin eivät olisikaan olleet tosissaan filosofisesti puhuessaan. Tuomas oli sitä mieltä, että järki ja ilmoitus eivät voineet tulla eri tulokseen. Hänenkin oli annettava sen verran periksi, että totesi osan uskon dogmeista olevan järjen ulottumattomissa. Hän myös tiesi etukäteen, mihin tuloksiin filosofisten pohdintojen tuli päätyä, mutta uskoi, että yleensä opeille löytyy järjellä ymmärrettävissä oleva selitys.

Tuomas esitti yleisesti hyväksytyn käsityksen teologian asemasta tieteenä. Hän jakoi tieteen kahteen lajiin. Toiset etenevät järjen luonnollisen valon antamista periaatteista, kuten aritmetiikka tai geometria. Toisissa periaatteet saadaan korkeammasta tieteestä. Optiikka saa perustansa geometriasta, musiikki aritmetiikasta. Pyhä oppi saa periaatteensa korkeammasta tieteestä sekin, nimittäin Jumalan ja siunattujen tieteestä. Teologia on siis tiede, mutta Tuomas piti nähtävästi myös kristinuskoa tieteenä, ainakin korkeimpana filosofiana.

Tuomas asetti tieteet arvojärjestykseen sen mukaan, miten jaloja niitten tutkimuskohteet tai miten varmoja niitten periaatteet olivat.

Arvatkaa itse, mikä tiede voitti molemmat kisat.

Luku 7 Aristoteles ja teologia

1200-luvun alussa Pariisin, Bolognan ja Oxfordin yliopistot olivat toiminnassa. Samoin Aristoteleen teosten kääntäminen latinaksi arabian ja kreikan kielisistä versioista oli varsin pitkällä. Yliopistojen filosofiset tiedekunnat saivat niistä pääasiallisen maallisia tieteitä käsittelevän oppiaineksensa, joka tunnettiin luonnonfilosofian nimellä. Teologisen, lääketieteellisen ja lakitieteellisen tiedekunnan opiskelijat joutuivat myös opiskelemaan Aristoteleensa.

Aristotelesta (k. 322 eaa.) arvostetaan tieteellisessä mielessä eniten biologian ja logiikan perustajana. Hän loi nähtävästi kokonaan, ilman edeltäjiä, logiikan, mihin liittyi yleisempi teoretisointi siitä, mitä on tiede ja millaisia ovat tieteen menetelmät. Hänen fysiikkansa oli täysin erilaista kuin nykyinen, eikä häntä siitä juuri kehuta. Arkhimedes olisi tarjonnut paljon paremman mallin tälle tieteelle. Samoin atomistit olisivat antaneet oikeamman kuvan universumin toiminnasta, mutta tätä aatetta varjostava ateismin leima karkotti kristinuskon tiedemiehet Platonin ja Aristoteleen syliin.

Aristoteleen väitetään jättäneen jälkeensä 200 kirjoitelmaa. Nykyisin tunnemme niitä 46, joista 16 ei välttämättä ole hänen omia tuotoksiaan. Teokset ovat raskaita lukea ja vaikeita käsittää. Samaan aiheeseen, esimerkiksi fysiikkaan, liittyvät asiat ovat hajallaan eri kirjoissa, joten ne ovat antaneet runsaasti työtä selittäjille. Aikalaiset ovat kehuneet hänen kirjojaan hyvin kirjoitetuiksi, mutta meille säilyneet ovat osoittautuneet filosofin omaan käyttöön tarkoitetuiksi luentomuistiinpanoiksi.

Aristoteleen kuoltua hänen seuraajansa Ateenassa saivat kirjoitukset haltuunsa. Eräs heistä hautasi ne luolaan (Skepsis-nimiseen kaupunkiin), mistä ne parin sadan vuoden kuluttua löydettiin ja vietiin lopulta Roomaan, missä Andronicus-niminen oppinut editoi ja kirjoitti ne uudelleen. Emme tiedä, miten uskollisesti hän kopioi ne tai miten paljon esitti niissä omia mielipiteitään, joten todellinen Aristoteles lienee ikuisesti tietämättömissä.

Teokset katosivat läntisen kristikunnan käytöstä, mutta jäivät itäiseen osaan, mm. Konstantinopolin kirjastoihin. Ne käännettiin arabiaksi, minkä jälkeen islamin oppineet kehittivät oppeja eteenpäin. Islamin maissa tiede oli länteen verraten edistyneempää lääketieteen, astronomian, matematiikan ja optiikan kaltaisilla aloilla 1400-luvulle saakka. Aristoteleen teokset olivat niin vaikeatajuisia, että niiden selittämisessä ja ymmärtämisessä riitti oppineille puuhaa. Asiaan vaikutti myös, että käännöstyön laatu vaihteli suuresti. Arabiasta latinaksi kääntäminen ei aina säilyttänyt alkuperäistä merkitystä tai sanonnan sävyä, joten vääriä tulkintoja syntyi sitä kautta. Sama epäilys liittyy aikaisemmin tapahtuneeseen kääntämiseen kreikasta arabiaksi. Myöhemmin alettiin käyttää myös säilyneitä kreikankielisiä kirjoja, mikä kohensi käännösten laatua jonkin verran.

Tieteen teko yliopistoissa ei tarkoittanut empiirisiä kokeita tai uusien keksintöjen tekemistä, vaan se oli puhtaasti teoreettista ja älyllistä puuhastelua. Luonnonfilosofit lukivat Aristoteleen teoksia tai ainakin näitten teosten kommentaareja. Sitten he väittelivät siitä, mitä filosofi oli todella sanonut ja muuttelivat oppeja, jos ne olivat ristiriidassa kristinuskon käsitysten kanssa. Oppeja kehitettiin toki jonkin verran, koska ne olivat tärkein luonnonfilosofisen tiedon lähde sentään 400 - 500 vuoden ajan.

Filosofisen tiedekunnan professorit alkoivat pitää luonnonfilosofisia tekstejä uskonnon tekstien veroisina ja haastaa teologien auktoriteettiasemaa. Ristiriitoja syntyi vääjäämättä, sillä Aristoteles väitti mm., että universumi oli ollut ikuisesti olemassa, että ensimmäinen liikuttaja Jumala ei edes tiennyt niin alhaisen olennon kuin ihmisen olemassaolosta, että sielu oli ihmisen ruumiin muoto, joten se kuoli, kun kehokin kuoli, puhumattakaan opeista, jotka estivät ehtoollisen selittämisen. Teologit osoittivat nopeasti, keiden hallussa totuus oli. Pariisin piispa Tempier v. 1277 julkaisi 219 kohtaa sisältävän luettelon, jossa kiellettiin uskomasta ja esittämästä mm. seuraavia vääryyksiä (Grant Science&Religion, The Foundations of Modern Science in the Middle Ages):

- että ei ole uljaampaa asemaa kuin pyhittäytyä filosofiaa harjoittamaan
- että ei ole mitään järjen avulla käsiteltävää kysymystä, jota filosofi ei voisi käsitellä
- että ihmisen ei pitäisi missään asiassa tyytyä varmuuteen missään kysymyksessä pelkästään auktoriteetin perusteella

- että teologiset keskustelut perustuvat taruille
- että mitään ei tiedetä paremmin tuntemalla teologiaa
- että ainoat maailman viisaat miehet ovat filosofeja
- kristillinen ilmoitus on oppimisen este

Filosofisen tiedekunnan opettajat joutuivat vannomaan valan (jo v. 1272), jossa lupasivat olla puuttumatta teologisiin kysymyksiin. Puhtaasti tieteelliset aiheet koskettivat teologian oppeja niin tiiviisti, että näin jälkeenpäin on vaikea sitä tajuta. Esimerkiksi aikaisemmin esitetty ehtoollisen selittäminen vaati seuraavankaltaisia Aristoteleen logiikan ja fysiikan käsitysten vääriksi julistamisia:

Nro 139: Että aksidenssi, joka on olemassa ilman subjektia, ei ole aksidenssi...; on mahdotonta, että kvantiteetti tai dimensio ovat olemassa itsestään, koska se tekisi niistä substanssit.

Nro 140: Että luoda aksidenssi ilman substanssia on mahdotonta, sillä se tuottaa ristiriidan.

Nro 141: Että Jumala ei voi luoda aksidenssia ilman subjektia, tai luoda useita dimensioita olemaan samanaikaisesti samassa paikassa.

Jumalan kaikkivoipuus oli arin paikka. Aristoteleen väitteet, että tyhjöä ei ole, saivat teologit väittämään, että on, jos Jumala niin haluaa. Toisia maailmoja oli olemassa, jos Jumala niin halusi. Jumala pystyisi luomaan aktuaalisen äärettömyyden halutessaan jne. Tämän on ajateltu edistäneen tieteen kehitystä yllyttäessään näin haastamaan Aristoteleen oppien heikkoudet. Väitetään sen myös auttaneen tajuamaan, ettei luonnon toimintaa voinut millään ensimmäisillä rationaalisesti saaduilla periaatteilla selittää, vaan piti turvautua kokeisiin.
Mitään ryntäystä kokeitten tekoon ei 300 vuoteen silti ilmennyt. Toisaalta monia Aristoteleen oppeja oli kiistetty jo ennen kristinuskon syntyä. Sekä Aristoteleen seuraajat että kristitty uusplatonisti Johannes Philoponus (500 luvulla jaa) olivat kumonneet niitä, joten mitään uutta tämä ei ollut. Ehkä tästä ei tiedetty vielä 1200-luvulla.

Kiellot saivat aikaan sen, että luonnonfilosofien täytyi pidättäytyä käsittelemästä niitä luonnonfilosofian oppeja, jotka koskettivat teologisia aiheita. Teologit saattoivat puolestaan vapaasti käsitellä luonnonfilosofisia aiheita. Heille oli helpompaa hylätä Aristoteleen väitteitä, koska tämä oli auktoriteettina heidän Jumalansa kilpailija. Seuraavien vuosisatojen parhaat luonnonfilosofian saavutukset saivat aikaan teologit, poikkeuksena Pariisin yliopiston rehtori Jean Buridan. Syynä voi olla sekin, että teologisen tiedekunnan professorit olivat parhaiten palkattuja ja vaikutusvaltaisimpia, joten etevimmät yksilöt pyrkivät sinne. Luonnonfilosofit eivät saaneet esittää käsityksiä, jotka sotivat uskontoa vastaan. Jos esittivät, heidän piti tehdä selväksi, että se oli vain "luonnonfilosofisesti puhuen" eikä siis ihan totta. Teologit saivat ja heidän piti puuttua luonnonfilosofien "vääriin" käsityksiin, joten suhdetta ei voi pitää kovinkaan reiluna.

Teologit korostivat Tempierin kieltojen kautta Jumalan kaikkivoipuutta. Sen liika korostaminen väittämällä, että Jumala tekee kaikessa ihan mitä haluaa, varsinkin, jos koko ajan sekaantuu luonnon kulkuun, tekee ajatuksen luonnonlaeista mahdottomaksi. Islamilaisella alueella tieteen kehityksen pysähtymisen voi katsoa johtuvan osittain siitä, että uskonto syyllistyi juuri siihen. Eräs versio jopa väitti, että Jumala loi universumin joka hetki uudelleen puhumattakaan siitä, että Jumala oli kaikkien yksittäistenkin tapahtumien suora syy.

Kristityt keksivät säätää vaikutuksen voimakkuutta erilaisilla pehmusteilla aina tarpeen mukaan. Jumala oli luodessaan täysin vapaa tekaisemaan universumista sellaisen kuin halusi. Tämän jälkeen Hän saattoi jättää sen toimimaan tiettyjen lainmukaisuuksien mukaan, puuttuen aina silloin tällöin luonnon kulkuun leipomalla isomman tai pienemmän ihmeen. Tämä malli pelasti sekä Luojan kaikkivoipuuden että luonnonfilosofien uskon luonnon säännölliseen kulkuun. Samalla painotettiin, että Luoja antoi ihmiselle luodessaan kyvyn tajuta luomuksensa toimintaa, mitä puolestaan on jälkeenpäin keksitty rajoittaa toteamalla, että ei sentään ihan täysin. Se olisi näet estänyt tieteellisten kokeiden käytön tarpeen tajuamisen.

Logoksen mahtia osoittaa se, että loogisen ristiriidan aikaansaaminen katsottiin olevan Jumalankin kykyjen ulkopuolella. Tämä fakta pätee tietysti vain logiikkaa osaaviin teologeihin, sillä käytännössä työtään tekevät papit eivät moisesta välitä. Koko ajan on muistettava, että kaikki tämä koskee älyllistä eliittiä, jonka kirjoitukset ovat meille säilyneet. Kansan uskonnon harjoitus ja ajattelu oli jotain muuta, niin kuin se on tänäkin päivänä.

Luku 8 Taivaallista logiikkaa

Aristoteles Sofistiset kumoamiset kirjan alussa: "Puhukaamme nyt sofistisista kumoamisista, jotka todellisuudessa ovat virhepäätelmiä eikä kumoamisia."

Kolminaisuusopin mahdottomuus vaati tiukkaa sanan selittämistä ja äärimmäistä tarkkuutta, jotta ei erehtynyt puhumaan itseään kerettiläiseksi pelkästään siksi, että ei ymmärtänyt sanojen merkityksiä. Kristuksella oli yksi persoona, mutta kaksi luontoa, mitkä termit epäilemättä suomeksi käännettäessä ovat saaneet omat vivahteensa. Piti ymmärtää, että vaikka Jumala itse oli ainoa todella ikuinen, niin synnytetty Kristus ja lähtenyt Pyhä Henki olivat silti ihan yhtä ikuisia. Ei siis ihme, että keskiajan teologit sovelsivat äärettömyyden käsitettä innokkaasti. Samoin on helppo ymmärtää, miksi logiikka nousi arvoon arvaamattomaan. Ja että nimenomaan Aristoteleen 1100-luvulla uudelleen latinannettu kirja Sofistiset kumoamiset sai suuren suosion. Tieteen historioitsija Edward Grant väittää, että kirjan opit olivat suorastaan räätälöityjä teologien tarpeisiin.(Grant God and Reason in the Middle Ages)
Platon arvosti sofistit ihmiskastiin, jota alempana olivat vain tyrannit, joten teologit eivät nähtävästi pitäneet itseään sofisteina, vaikka sofismeja laativatkin. Aristoteleen kirjan suomennoksen selityksissä kerrotaan, että "varsinainen sofistinen kumoaminen on päätelmä, jossa johdetaan näennäisesti ja vilpillisiä keinoja käyttäen väittelyn vastapuolen kannattaman käsityksen vastakohta tämän itsensä myöntämistä premisseistä lähtien."
Aristoteles ei väitellyt tavallisten ihmisten kanssa. Niinpä hän uskoi, että jos vastapuolen saa johdateltua tämän omista argumenteista lähtien ristiriitaan, niin tämä antautuu. Keskiajan kirkonmiehet näyttävät puolestaan pelänneen, että vastaan tulee jatkuvasti kirkon vihollisia, jotka saattavat heidän dogminsa sofismeja syytämällä epäuskottaviksi. Toki he

näyttävät uskoneen sen onnistuvan vain vilpillisiä keinoja käyttäen, joten riitti opettaa teologian opiskelijat huomaamaan tämä filunkipeli.

Logiikan loppu

Logiikan harrastus alkoi sitten, satojen vuosien saatossa, elää omaa elämäänsä. Kolminaisuusoppi pakotti kiinnittämään huomiota termistön tarkkuuteen, jotta kaikki kaksi – ja monimielisyydet saatiin karsittua. Kolmimielisyyteen ei saanut tietenkään koskea. Käsitteistöä ja sanomisia hienostettiin äärimmilleen niin, että kukaan niihin perehtymätön ei enää väitteitä tajunnut. Harrastus tuotti mm. seuraavan lausahduksen: "Varro, vaikka hän on ihminen, ei ole ihminen, koska Cicero ei ole Varro." Esimerkin esitti Juan Luis Vives 1500-luvulla yrittäessään osoittaa, miten absurdia skolastinen logiikka oli. Sitä osaavat väittävät, että lauseessa ei ollut mitään absurdia, vaan se on täysin järkevä omissa puitteissaan. Useimmat keskiajalla sitä kritisoineet eivät ymmärtäneet sitä (Vives ymmärsi) puhumattakaan nykyajasta. Toisen vaikeuden tuottaa se, että käytettiin latinaa, jolloin lauseen kääntäminen ei välttämättä säilytä oikeaa merkitystä. Tässä olen käyttänyt käännöstä englanniksi esitetystä versiosta, joka on ensin käännetty latinasta englanniksi, mikä ei auta asiaa. Esimerkin latinankielisessä muodossa kieltosanan non paikka oli oleellinen merkityksen suhteen: "Varro non est homo" ja "Varro homo non est" tarkoittavat siis eri asiaa, mitä ne sitten lienevätkään. Aristoteleen logiikka kehittyi skolastikkojen käsissä muutamia satoja vuosia, kunnes humanistit saivat aikaan, että sitä alettiin pitää naurettavana. Se puolestaan tiesi logiikan opetuksen lopettamista yliopistoissa. Isot määrät keskiajan kirjallisuutta tuhottiin. Oliver Cromwellin sotilaat käyttivät Duns Scotuksen teoksia takapuolensa pyyhkimiseen. Merton College (osa Oxfordin yliopistoa) heitti 1500-luvulla pois 900 keskiaikaista käsikirjoitusta. Vain se, että kirjapainotaito oli keksitty sata vuotta aiemmin ja myös vanhaa kirjallisuutta oli painettu, pelasti edes osan teksteistä jälkipolville.

Tämä oli seurausta humanismin noususta. Sana humanisti keksittiin myöhemmin tarkoittamaan antiikin tuotosten ihailijoita, jotka arvostivat Rooman ajan Ciceron latinaa, Homerosta jne. Kun nykyään joku ilmoittaa olevansa humanisti, hän tarkoittaa, että hän on hyvä ainakin ihmisiä kohtaan, siis ei mikään julma insinööri. Myönteinen hyvän ihmisen leima lienee peräisin tuolta ajalta, varmaankin siitä, että yliopistojen kaikkien opiskelijoitten ei enää tarvinnut opetella logiikkaa. Osa ateisteistakin kutsuu itseään nykyisin (samasta syystä?) sekulaareiksi humanisteiksi.

Jumala ja loogiset ristiriidat

Nykyisin ihmiset saattavat joutua logiikan kanssa tekemisiin pohtiessaan vaikka juttua kreetalaisesta, joka totesi, että kaikki kreetalaiset ovat valehtelijoita. Jean Buridan esitti 1300-luvulla seuraavan Jumala-todistuksen: (1) Jumala on olemassa (2) Kumpikaan näistä lauseista ei ole tosi. Sitä voi pohtia hetken ja muuttaa sitten premissin (1) muotoon "Jumala ei ole olemassa."

Pienen miettimisen jälkeen kaikki tajunnevat, että logiikkaa voi käyttää todistamaan ihan mitä tahansa.

Johdonmukaista ajattelua sovellettiin kaikenlaisiin uskonnollisiin kysymyksiin. Teologit käyttivät yliopistoissa Lombarduksen Sentenssit- kirjaa, mikä oli luonteeltaan tällaiseen pohdintaan yllyttävä. Yksi tapa käsitellä asioita oli kirjoittaa sen aiheista kommentaareja, usein kysymykseen muotoon puettuja, joihin sitten vastattiin käyttäen aristotelista tieteelliseen ajatteluun tarkoitettua käsitteistöä. Tässä esimerkkejä esiin nostetuista pulmista (Grant Science&Religion s. 208):

- olisiko Jumala voinut luoda maailman ennen kuin loi sen
- voisiko Jumala tehdä pahoja asioita
- olisiko Luoja voinut luoda asiat paremmiksi kuin nyt sattui luomaan
- olisiko Luoja voinut tehdä paremman maailman kuin tämä meidän on
- voisiko Jumala tehdä tulevaisuuden olemattomaksi
- voisiko Jumala nyt katua jotain sellaista, mitä hän halusi aikaisemmin

Yliopistojen teologit uskoivat, että Jumala kykeni tekemään ihan mitä tahansa paitsi ristiriitaista asiaa. Tutkijat tietävät 1000-luvulla Petrus Damianin inhonneen logiikkaa ja väittäneen, että jos Jumala tahtoisi, ettei jotain juttua olisi aikaisemmin tapahtunut, hän voisi tahtonsa avulla peruuttaa sen. Myöhemmiltä ajoilta moisia väitteitä ei tiedetä esitetyn, mutta meidän tietomme toki koskevat vain oppineen eliitin mielipiteitä, jotka on kirjoitettu ylös ja meille säilyneet.

Olen sitä mieltä, että Damiani edusti sitä oikeaa ajattelua kaikkivoipuudesta ja ansaitsi kirkon suoman Pyhä-tittelin. Ristiriidan lain uskominen Jumalan tekojenkin suhteen tuotti runsaasti turhaa työtä, kun sitä yritettiin puolustella niin, että maallikko sen ymmärtäisi.

Richard Middleton (1200-luvulla) kirjoitti seuraavan vuodatuksen: "Jumala on kaikkivoipa ja voi tehdä kaikki asiat, mitkä haluaa. Tämä voima tehdä kaikki asiat, jotka haluaa, ei ole Hänen kaikkivoipuutensa täsmällinen syy. Häntä voi kutsua kaikkivoivaksi, koska Hän on kykenevä tekemään kaikki, mikä on absoluuttisesti mahdollista, siis mikä ei sisällä ristiriitaa." Middleton puolusteli tätä ristiriita-rajoitusta jatkamalla: " Että jumala ei voi tehdä kahta ristiriitaista asiaa esiintymään samanaikaisesti, ei minkään hänen kyvyissään olevan puutteen takia, vaan koska se ei tee mitään mieltä hänen voimilleen kuitenkaan. Ja jos sinä kysyt, miksi ei tee mitään mahdollista mieltä, täytyy sanoa, että mitä tulee tähän, mitään muuta argumenttia ei voi antaa kuin että sellainen on luonto tai taipumus, myöntämisestä ja negaatiosta, ihan kuten jos me selittäisimme, miksi jokainen kokonaisuus käsittää osan, ei toista argumenttia voisi ilmestyä kuin että sellainen on kokonaisuuden ja osan luonto." (Grant Science&Religion s. 209)

Syntiä ja moraalia koskevat aiheet sopivat logiikkaan luontevasti.   Gregorios Rimini (k. 1358 jaa) käsitteli kysymystä, voiko Jumala saada ihmisen tekemään syntiä. Jos siis Jumala laittaa jonkun Petterin tekemään syntiä, Jumala tahtoo Petterin tekevän jotain, mitä Hän ei toivo tehtävän; tavallaan Jumala toivoo, että Petteri ei tee sitä, mitä Jumala toivoo hänen tekevän. Tämä on selvä ristiriita. Seuraus on ilmeinen, koska Jumala ei voi tehdä mitään, paitsi mitä Hän haluaa tehdä. (Ei siis kaikkivoipa?) Jos Hän saa Petterin tekemään syntiä, Hän ilmeisesti haluaa Petterin tekevän syntiä. Kuitenkaan kukaan ei voi tehdä syntiä, paitsi joko tekemällä, mitä Jumala ei toivo hänen tekevän; tai, ei tekemällä, mitä Jumala ei toivo hänen ei tekevän (siis jos Petteri ei tee, mitä Jumala haluaa hänen tekevän).

Jos siis jumala saisi Petterin tekemään syntiä, Petteri tekisi syntiä ja ei tekisi syntiä. Että hän voisi tehdä syntiä (jos jumala haluaisi hänen tekevän sitä) on ilmeistä. Mutta että hän ei tekisi syntiä, on nyt todistettu.

Kukaan ei voi tehdä syntiä tekemällä, mitä Jumala haluaa tai saa hänet tekemään. Gregorios päätteli tästä, että Jumala ei voi saada Petteriä syntiä tekemään. Uskomme toki, mutta Jumala ei siis olekaan kaikkivoipa? Kaikki edellä kerrottu osoittaa vastaansanomattomasti, että järki oli keskiajalla teologien keskuudessa arvossaan. Keskiaika on nimetty pimeäksi ja sen jälkeen koittanut aika järjen aikakaudeksi. Tämä on niin väärin. Todellisuudessa keskiajan skolastikot uskoivat lujasti älyn voimaan ja myös käyttivät sitä. Samaa on sanottava yliopistojen luonnonfilosofeista. Heidän tieteen harjoittamisensa oli täysin rationaalisen ajattelun varassa. Aristoteles painotti kirjoissaan empiriaa siinä mielessä, että ajatteli tieteen perusajatusten syntyvän luonnon kulun havainnoinnista, siis kokemuksesta. Näin saatiin vastaus kysymykseen, miten joku on, mutta ei, miksi on. Varsinainen tieteen teko alkoi, kun nämä havainnot yleistettiin tieteen lauseiksi. Luonnonfilosofit käyttivät kirjoja, joiden tekijät kertoivat tekemistään havainnoista samoin kuin teologit kokivat empiriansa Uuden Testamentin Jeesuksen kautta. Jos he kokeita tekivät, ne olivat mielikuvitukseen perustuvia ajatuskokeita, joissa aikaa ei tuhlattu tarpeettomaan käytäntöön. Riitti, että aivojen ajattelu- ja kuvittelukyky oli käytössä. Se jos mitä on rationaalisuutta, toisin kuin nykyinen tieteen harjoitus, jossa järkeen ei enää luoteta.

Jos keskiaikaa haluaa kutsua pimeäksi taikauskon ajaksi, niin se oli sitä vain siinä mielessä, että tavallinen kansa uskoi jos mihin huuhaa-touhuun. Papit yllyttivät ihmisiä ristiretkiin ja noitia polttamaan, mutta väkivallan suhteen, myös uskontoon perustuvan, oma aikamme ei ole sen jalompi.

Vaikka nykyaikaa tieteen ajaksi kutsutaan, tavallinen kansa huuhaahoi edelleen, jos mahdollista, innokkaammin kuin minkään edeltävän aikakauden kansa. Kansa on aina pimeää, se on absoluuttinen fakta, joten kaikki aikakaudet ovat pimeitä älyllisessä mielessä. Se puolestaan on looginen fakta.

Luku 9 Taivaallista luonnontiedettä

Aristoteles kertoo liikkeestä: "Koska erotamme kussakin suvussa toteutuneen ja potentiaalisen, potentiaalisesti olevan toteutuneisuus sellaisena on liike; esimerkiksi muuttumaan kykenevän toteutuneisuus muuttumaan kykenevänä on muuttuminen, kasvamaan kykenevän ja sen vastakohdan eli vähenemään kykenevän kasvaminen ja väheneminen, syntymään ja häviämään kykenevän syntyminen ja häviäminen ja paikan suhteen liikkumaan kykenevän liike."

Luonnonfilosofiaa

Luonnonfilosofia saatiin Aristoteleen kirjoista Fysiikka, Metafysiikka, Taivaasta, Sielusta, Syntymisestä ja häviämisestä ja Meteorologia. Myös hänen biologian kirjojaan käytettiin jonkin verran. Se oli fysikaalisessa maailmassa tapahtuvan muutoksen ja liikkeen tutkimista ja sisälsi aineksia, jotka myöhemmin eriytyivät omiksi tieteikseen.

Aristoteles erotti neljä muutoksen lajia: muutos aineessa, laadullinen muutos (lehden väri muuttuu syksyllä vihreästä keltaiseksi, ilman että lehden aines muuttuu), kvantitatiivinen muutos, jossa kappaleen koko kasvaa tai pienenee tai määrä muuttuu. Neljäs oli muutos paikan suhteen, mitä nykyfysiikka tarkoittaa liikkeestä puhuessaan. Kun muutokset selitettiin neljällä erilaisella syyllä, neljällä eri alkuaineella, joitten muuttuminen toisikseen perustui kuuma-kylmä ja kostea-kuiva vastakohtapareihin, syntyi fysiikkaa, joka on ihan muuta kuin nykyfysiikka.

Liikkeen käsittäminen muutoksena ja sen neljä lajia vaativat myös omanlaistaan liikkeen määrittelyä "liike on potentiaalisuuden aktualisoitumista potentiaalisuutena." Hirsikasa on potentiaalinen hirsimökki. Mökkiä kasaava rakentaja aktualisoi sitä. Rakentaminen on potentiaalisuuden aktualisoimista potentiaalisuutena eli liikettä. Valmis rakennus on aktualisoitunut kokonaan, jolloin liike on loppunut. Moisen liikkeen ominaisuuksia on vaikea laskea matemaattisella kaavalla, joten ei ole syytä ihmetellä, miksi Aristoteles ei niitä laatinut. Universumi jaettiin kuunaliseen ja kuunyliseen maailmaan. Kuunalisessa maailmassa liike paikan suhteen tarkoitti aineen pyrkimistä luonnolliseen paikkaansa: alkuaine maa pyrki alimmas, vesi, ilma ja tuli kerrostuivat sen päälle tässä järjestyksessä. Kappaleet olivat alkuaineitten sekoituksia, joista vallitseva määräsi luonnollisen liikkeen suunnan, siis ylös tai alas. Muut liikkeet, kuten vaunun kulku Maan pintaa pitkin, olivat luonnottomia eli pakotettuja. Niihin tarvittiin voimaa, joka oli koko ajan kosketuksissa kappaleeseen. Jos voima lakkasi vaikuttamasta, myös liike lakkasi. Kuunylisessä maailmassa kaikki liike oli luonnollista, mikä tarkoitti tasaista ympyräliikettä. Tämä maailma oli tehty omasta alkuaineestaan, eetteristä eli kvintessenssistä, viidennestä alkuaineesta. Mitään muutoksia ei tuossa maailmassa tapahtunut. Tähtitieteen havainnot kertoivat, että ainakaan liikkeen suhteen väite ei pätenyt. Platon halusi, että astronomiaa oli kehitettävä niin, että liikkeet pystyttäisiin selittämään ympyräliikkeitten avulla. Klaudius Ptolemaios 100-luvulla jaa loi matemaattisen astronomian, jonka perustalta lasketut planeettojen liikkeitten ennusteet vastasivat havaintoja. Uskonnolliset ja filosofiset ihanteet veivät harhapoluille, joilla pysyttiin 1600-luvulle saakka.

Liikettä tutkiessaan luonnonfilosofi tutki liikkeen syitä, joista yksi oli kappaletta liikuttava periaate, sen luonto. Näitä periaatteita oli kahta lajia: sielu, joka liikuttaa kappaleita ja ensimmäinen liikuttaja (liikkumaton liikuttaja), joka saattaa taivaalliset kappaleet liikkeeseen. Me emme enää ajattele, että sielu liikuttaa meitä fyysisesti, vaikka se henkisesti niin saattaa tehdäkin. Tai että Jupiterilla on sielu, joka kierrättää sitä Auringon ympäri.

Aristoteleen kosmos

Aristoteleen taivaanmekaniikka selitti planeettojen liikkeet siten, että kukin planeetta oli kiinni omassa kristallisfäärissään, pallonkuoressa, joka teki ikuista kiertoliikettään Maan ympärillä. Uloimpana oli kiintotähtien pallo ja siitä alaspäin planeettojen pallot. Aurinko laskettiin myös planeettojen joukkoon, Maata kiertämään. Avaruudessa ei ollut tyhjiötä, vaan kaikki, siis pallonkuorien väliset alueet, olivat täynnä eetteriä. Tämä aine ei aiheuttanut kitkaa kuten ilma Maan päällä teki. Aristoteleen edeltäjät antiikissa kehittivät pallonkuoriaan geometrisina konstruktioina eivätkä väittäneet niitten vastaavan todellisuutta, mutta Aristoteles väitti. Hän oli nähtävästi heikoimmillaan juuri astronomiassa. Hänen omat selostuksensa kosmoksesta kirjoissa Taivaasta ja Metafysiikka olivat varsin ylimalkaisia.

Yritys selittää planeettojen liikkeet siten, että ylin kiintotähtien pallonkuori pyöritti koko koneistoa sen liikkeen välittyessä järjestyksessä alaspäin, pallonkuori kerrallaan, tuotti toivottoman sopan, joka johti ainakin 56 pallonkuoren inventointiin. Tarvittiin useita pallonkuoria jokaiselle planeetalle, jotta systeemi vastasi edes jotenkin tietoja planeettojen liikkeistä. Jupiterille ja Saturnukselle vaadittiin kummallekin neljä kuorta, ja väliin vielä kolme "jarrupalloa", jotta liikkeen siirtyminen Saturnuksesta Jupiteriin vastasi havaintoja..

Aristoteles piti ympyräliikettä kuunylisessä alueessa luonnollisena, minkä selittämiseksi riitti finaalisyy eikä se tarvinnut liikkumiseensa ulkopuolista vaikuttavaa voimaa. Kaipuu, jota kunkin planeetan oma liikkumaton liikuttaja koki Ensimmäistä liikkumatonta liikuttajaa kohtaan, aiheutti sen tasaisen pyörimisliikkeen. Koska planeetat tekivät myös luonnottomia liikkeitä, niitten selittäminen vaati ulkoisia lisäpallonkuorien aiheuttamia voimia. Täydellinenkään päättely, mihin Aristoteles ei pystynyt tai ei edes yrittänyt, ei auta, jos lähtöpremissit ovat vääriä.

Ensimmäinen liikuttaja kelpasi Jumalaksi ja muut keksittiin enkeleiksi. Aluksi tyydyttiin myös planeettojen seitsemään pallonkuoreen, mikä on ymmärrettävää, sillä 56 pallonkuoren käsittely on perin hankalaa. Astronomit käyttivät planeettaliikkeitten laskemiseen Ptolemaioksen matemaattista koneistoa, mitä Aristoteleella ei ollut tarjottavanaan.

Kristityt saivat aluksi tieteellisen kosmologiansa Platonin Timaioksesta, missä kosmosta ei jaeta kahteen alueeseen. Aristoteles nousi kukkulan kuninkaaksi 1100-luvun jälkeen ja sai tietäjät tähänkin paheeseen sortumaan. Epäilemättä se sopi uskonnon taivaskäsityksiin hyvin.

Kosmologian uskonnolliset parannukset

Teologit käyttivät luonnonfilosofiaa ja sen käsitteistöä selittämään luomisen tapahtumia, enkelien liikkeitä ja monia muita uskontoon liittyviä asioita tavoin, jotka eivät ikinä juolahtaisi tämän päivän tieteentekijän mieleen. Raamatun sana oli luonnontieteissäkin ehdoton totuuden takaaja. Luomistarussa kerrotaan, että ensimmäisenä päivänä luotiin taivas ja toisena taivaankansi. Niiden täytyi olla kaksi eri asiaa. Kaiken lisäksi taivaankansi erotti sen alapuolella olevan vedet yläpuolella olevista vesistä. Alapuolisista vesistä sai maallisen alueen pallonkuoren, mutta kannen yläpuolisista vesistä oli pakko rakentaa taivaallinen pallonkuori. Kristilliset tiedemiehet lisäsivät pallonkuoria siten, että uloimpana oli näkymätön ja liikkumaton tulitaivas, empyreum, enkeleitten olinpaikka. Seuraava Maahan päin oli vesi- tai kristallisfääri, täysin läpinäkyvä, vedestä koostuva. Veden laatu käsitettiin eri tavoin. Se saattoi olla vettä tai jotain outoa kovaa vettä tai kenties vettä vain kuvaannollisesti. Lopuksi tuli taivaankansi, kiintotähtien kantaja.

Taivaallisten pallojen lukumääräksi saatiin näin kymmenen. Ajan mittaan lisättiin vielä yhdestoista pallo selittämään havaittuja tähtien liikkeitä. Kosmologia ja teologia vaikuttivat siis teorioihin sulassa sovussa. Aristoteleen opit, Raamattu ja tähtitaivasta koskevat havainnot muokkasivat käsityksiä yhtä lailla. Nykyajan kosmologiaa voi pitää huomattavasti köyhempänä. Aristoteles ja Raamattu ovat hylätyt, mutta onneksi fysiikka on kehittänyt suhteellisuusteorian ja kvanttifysiikan, joiden teorioitten perusteella kosmologiaa nykyisin tehdään. Niitten ymmärtäminen vaatii paljon enemmän työtä kuin Aristoteleen 56 pallonkuoren nitinöitten käsittäminen, joten teologit nykyisinkin tyytyvät varsin ylimalkaisiin lisäyksiinsä. Tosin heillä edelleen on puolellaan se ylivoimainen peruste, jonka mukaan usko on tiedettä vahvempi. Miksi vaivautua ymmärtämään tieteen väitteitä, jos niiden totuuden tietää etukäteen?

Jean Buridan selitti 1300-luvulla, että enkeleitten, taivaallisten intelligenssien postuloimiseen, ei ollut tarvetta ja perusteli asiaa vakuuttavasti: niille ei löytynyt Raamatusta perustaa. Hän käytti planeettojen liikkeitten selittämiseen impetusteoriaa, jossa ajateltiin Luojan asettaneen planeettoihin sisäisen liikkumiskyvyn, impetuksen. Koska kitka tai ilmanvastus eivät taivaallisia liikkeitä hidasta, impetus ei koskaan hävinnyt. Samoihin aikoihin elänyt Nikolai Oresme selitti, miten Maan pyörimisliike akselinsa ympäri oli mahdollista ilman, että sitä voisi mitenkään havaita.

Hän oli kirkonmies ja päätteli, että koska pyörimiselle ei löytynyt fysikaalisia todisteita, paras luottaa Raamattuun, joka kielsi sen. Kun Kopernikus ja Galilei pari sataa vuotta myöhemmin kannattivat aurinkokeskisyyttä, he käyttivät hyväkseen Oresmen todisteluja.

Enkelifysiikkaa

Enkeleitten liikkeen tutkiminen oli luonnontieteen harjoittamista, koska niillä selitettiin planeettojen liikkeet. Enkelien liihottelun havainnointi ja mittaaminen oli mahdotonta, mutta mikäs este se on. Fyysikkojen joukossa vallitsee nykyisin se ikävä ennakkoluulo, että yliluonnolliset asiat eivät kuulu tieteeseen. Se on niin väärin, sillä jo tämä enkeli-esimerkki osoittaa, että jos yliluonnollinen vaikuttaa luontokappaleeseen havaittavalla tavalla, fysiikka voi siitä sanansa sanoa.

Nykyajan fysiikkaa osaavalle tapa ja kysymykset, joilla enkelien liikettä ja paikkaa käsiteltiin, ovat vaikeita. Ensin pitäisi opetella, miten Aristoteles määrittelee liikkeen paikan suhteen, mikä ei ole kovinkaan helppo tehtävä, varsinkin jos yrittää tehdä sen tämän omissa kirjoissa (Fysiikka, Metafysiikka, Taivaasta) hajallaan olevien esitysten perusteella. Esimerkiksi Fysiikka-kirjan IV kirjan luku 8 kertoo, että "Ja samoin kuin ei ole ensimmäistä aikaa, jossa liikkuva olisi liikkeessä, samoin ei ole myöskään ensimmäistä aikaa, jossa pysähtyvä olisi pysähtymässä, sillä ei ole mitään liikkumisen tai pysähtymisen ensimmäistä vaihetta." Sitten pitäisi ymmärtää, miten filosofi ymmärsi ajan, miten hän käsitteli jatkuvuutta yms. Kappaleen paikka määräytyi kappaleen oman pinnan mukaan. Paikkaa ei ollut, ellei ollut jotain kappaletta, joka loi sen. Tämä tuotti vaikeuksia tähtitieteessä, kun piti miettiä, missä uloin pallonkuori sijaitsi. Koska sen ulkopuolella ei ollut mitään, ei ollut paikkaakaan, minne sen olisi voinut ajatella. Enkelien tapauksessa teologit käsittelivät aineetonta oliota, jolla ei ollut ulottuvuuksia saati sitten paikan määritteleviä ulkopintoja.

Tuomas Akvinolainen 1200-luvulla tunsi Aristoteleen opit hyvin ja oli tämän suuri ihailija käyttäen kirjoituksissaan tästä tittellä Filosofi isolla alkukirjaimella. Hän selitti enkeleitten olevan paikassa eri tavalla kuin materiaalisen kappaleen. Materiaalinen kappale on paikassa sen kanssa yhteismitallisena niin että paikka sisältää sen. Sen liike paikasta toiseen on jatkuvaa, joten käy läpi välissä olevan avaruuden osat. Enkeli sitä vastoin ei ole paikassa siinä mielessä, että paikka ympäröi sen, vaan se sisältää itse paikkansa. Se voi toki vaivautua liikkumaan aineellisen kappaleen tavoin käymällä läpi avaruuden jatkuvuuden, mutta jos oikein kiire tulee, se kykenee siirtymään paikasta toiseen epäjatkuvalla liikkeelläkin, siis käymättä välillä olevissa avaruuden osissa.

Tästä voisi päätellä, että enkelin siirtyminen tapahtuisi ilman siihen kuluvaa aikaa. Teologit näyttävät kuitenkin ajatelleen, että on pienin ajanpätkä, hetkonen. Se oli Jumalan itsensä luomus, joten hänkään ei voinut tätä faktaa ohittaa. Nykyajan fysiikan mukaan tämä hetkonen on Planckin aika $5,4 \cdot 10^{-44}$ s, joten jo Aristoteles, Akvinolainen, keskiajan teologit...

Näin selittyy eräitten julkkiksen kertoma, miten heidän jouduttuaan vaikka kolariin, paikka vasta jälkeenpäin vilisee suojelusenkeleitä. Logiikka ei enää kuulu näiden asioiden käsittelyyn, mikä näkyy siinä, että he eivät koskaan syytä suojelusenkeliään valppauden puutteesta.

Enkeleitten liikkeen selvittely ennakoi sitä, miten nykyajan fyysikot yrittävät selittää elektronien liikettä. Elektroni voi olla olemassa tai olla olematta samaan aikaan, sen täsmällistä paikkaa ei voi määritellä ja sen ulottuvuudet ovat perin epämääräisiä. Se ei ole hiukkanen eikä aaltokaan, vaan ihan uusi oliolaji "hiukaalto". (Englannin kielessä wavicle.) Ehkä nykyajan fyysikoitten kannattaisi lukaista keskiajan teologien saavutuksista ja soveltaa sitä elektroneihin. Tai sitten ei.

Nykyfysiikka (ainakin Stengerin mukaan) pitää avaruutta rakeisena, ei jatkuvana. Matkaa tai aikaa ei voi jakaa loputtoman pieniin osiin, joten ne eivät ole jatkuvia suureita. Avaruudessa on myös reikiä, joissa ei ole ainetta eikä siis enkeleitäkään. Samoin enkeli ei voi liikkua paikasta toiseen äärettömän nopeasti, sillä pienin mahdollinen aikaväli on Planckin aika ja kaikki ajat sen kerrannaisia. Jos enkeli vilahtaa ohi valonnopeudella, se kulkee tässä ajassa matkan 10^{-35} m.

Jos viemme tutkielmaamme vielä pitemmälle, voimme ajatella, että avaruuden kudoksen reiät eivät tarkoita edes tyhjöä. Reikä ei ole edes eimitään, joten sen voi käsittää paikkana, jossa enkeli livahtaa yliluonnolliseen ja sieltä takaisin. Siis epäilemättä skolastikoille mieleinen probleema, johon keskiajan logiikka purisi paljon paremmin kuin nykyajan fysiikka.

Ensimmäisiä ja viimeisiä elon hetkiä

Aristoteles käsitteli jatkuvaa muutosta kysyen, voimmeko puhua sen alkamisen ensimmäisestä ajanhetkestä tai viimeisestä ajanhetkestä, jolloin muutos on toteutunut. Hän päätteli, että ensimmäistä ajanhetkeä ei ole, mutta viimeinen on. Myöhemmin hän pyörsi tuloksensa sanoen, että myös ensimmäinen ajanhetki on olemassa. Asia selviää lukemalla Fysiikka-kirjan VI-kirjan luku 5 ja VIII-kirjan luku 8 (saattaa vaatia useita lukukertoja). Keskiajan loogikot pitivät kiinni ensimmäisestä versiosta. Heidän puuhansa tuovat mieleen differentiaali- ja integraalilaskennan, jonka Newton ja Leibniz erikseen keksivät 1600-luvulla. Aika oli siis jaettavissa loputtomiin, vaikka em. hetkonen puhuukin asiaa vastaan. Tunnista voitiin ottaa esimerkiksi perättäisiä puolikkaita, jolloin syntyy osien jono $\frac{1}{2} + \frac{1}{4} + 1/8$ ... äärettömiin niin, että yhteenlasku tuottaa tulokseksi kokonaisen tunnin. Ensimmäisiä ja viimeisiä hetkiä käytettiin sekä fysikaalisissa että teologisissa pohdiskeluissa runsaasti. Robert Holkot (1300-luvulla) todisteli, että edes jumala ei voinut aina tietää, oliko kuolemaisillaan oleva ihmispolo syntinen vai synnitön elämänsä viimeisenä hetkenä. Grant väittää asian liittyneen vapaan tahdon mahdollisuuteen, mutta tämä teologia oli vielä vaikeampaa kuin Aristoteleen fysiikka.

Holkot kuvitteli tilanteen, jossa ihminen on vuoroin hyvä ja vuoroin paha viimeisen tuntinsa aikana. Ihminen on hyvä ensimmäisen suhteellisen osan aikana tuosta tunnista ja paha toisen. Esimerkiksi hän on synnitön elämänsä viimeisen tunnin ensimmäisen puolituntisen aikana ja syntinen seuraavan $\frac{1}{4}$ tunnin ajan, ansiokas 1/8 tunnin ajan, syntinen 1/16 tunnin ajan. Ja näin loputtomiin, aina puolet jäljellä olevasta tunnin osasta. Sarja on ääretön ja laskeva ja osien yhteenlasku tuottaa tulokseksi yhden tunnin. Kuoleman hetki ei ole osa tätä sarjaa, joten elämän viimeistä hetkeä ei ole. (se, miksi tästä oltiin varmoja, lienee Aristoteleen vika). Kysymystä siitä, oliko ihminen sillä viho viimeisellä elonsa äärettömän lyhyellä hetkellä syntinen vai synnitön, ei edes jumala pysty ratkaisemaan. Viimeisen tuomion antaminen jää häneltäkin arvan varaan.

Matematiikkaa vastaan ei käy edes jumalan väittäminen.

Luku 10 Taivaallisia äärettömyyksiä

"... ja on kolmas, nimittäin avaruus, joka on ikuinen, ei salli hävitystä, suo sijan kaikille luoduille, ja käsitetään ilman aistihavaintoa eräänlaisen epäaidon oivalluksen avulla ja on tuskin todellinen." (Platonin Timaioksessa esitetty käsitys avaruudesta).

Aristoteleen kosmos on pallonmuotoinen ja sisältää kaiken, mitä on. Ulkopuolella ei ole ainetta, ei tyhjää avaruutta, ei mitään. Tämä ei-mitään on niin ei-mitään, että siitä ei voi edes puhua. Kosmos on äärellinen kooltaan eikä se sisällä tyhjöä, jota Aristoteles piti mahdottomana. Maailmoja on vain tämä yksi. Aristoteleen perustelut olivat yleensä loogisluonteisia, jossa hän tiettyjen oletusten pohjalta sai tuloksensa pelkästään ajattelemalla. Maan pallonmuotoisuudelle hän esitti myös havaintoihin perustuvia todisteita.

Yritetäänpä sitten kuvitella, mitä Aristoteles tarkoitti: kosmos on kooltaan äärellinen, mutta sen ulkopuolella ei ole mitään: ei ainetta, mutta ei myöskään tyhjää tilaa. Mieli ei pysty tuottamaan asiasta mielikuvaa. Aivot eivät ole kehittyneet ymmärtämään tämän kaltaisia aatteita. Kenties jossain avaruuden kolkassa elää alieeni-rotu, jonka elinolosuhteet ovat pystyneet näille niiden ymmärtämiskyvyn kehittämään. Tosin en pysty kuvittelemaan, millainen heidän elinympäristönsä olisi.

Mitä tarkoittaa "ei-mitään"? Missä mielessä se on olemassa? Mitä avaruus on? Jos se on tyhjö, tila, johon aine on sijoitettu, onko se ei-mitään? Siis kun jumala loi avaruuden, hän loi ei-mitään. Kristittyjen mukaan Hän loi tämän ei-mitään ei-mistään. Askel pitemmälle ja ketju on Ei-mitään loi ei-mitään ei-mistään, mutta ehkä se on Ockhamin partaveitsen väärinkäyttöä. Oliko avaruuden luomiselle tarvetta, koska sehän oli jo olemassa? Ei-mitään on aina olemassa tai siitä ei voi edes sanoa, että se on olemassa? Jos Jumala loi avaruuden, siis tyhjän tilan jonnekin, niin joutuiko hän luodessaan poistamaan siellä jo olemassa olevaa ainetta?

Filosofi Bede Rundle on esittänyt viisaan viisauden, jonka mukaan filosofian keskeinen ja hämmentävin kysymys on se, miksi on jotain mieluummin kuin ei mitään. Teistien vastaus on Jumala, minkä jälkeen voi sitten kysyä, miksi on Jumala mieluummin kuin ei Jumalaa. Fyysikko Frank Wilczek on puolestaan todennut, että ei-mitään on epävakaa tila. Se pyrkii n. 60 % todennäköisyydellä muuttumaan tuohon "jotain"-tilaan.

Pariisin kielloissa sanottiin, että ei saanut sanoa, "ettei jumala pystyisi siirtämään taivaita suoraviivaisella liikkeellä; ja tämän syy on, että jäljelle jäisi tyhjö." Aristoteleen mukaan tyhjöä ei voinut olla ja suoraviivainen liike taivaitten sfäärissä oli mahdotonta. Kosmoksen ulkopuolella ei ollut paikkaa, mihin jotain voisi siirtää.

Jumalan kaikkivoipuus innoitti teologit väittämään, että totta kai Jumala pystyi luomaan toisia maailmoja, tyhjön, ... (sijoita tähän mitä tahansa, mikä ei sisällä loogista ristiriitaa).

Perustelut olivat usein hyvin jumalisia. Teologi Thomas Bradwardine vaikutti aikoinaan 1300-luvun alun Merton Collegessa Oxfordissa. Hän oletti Jumalan olevan kaikkialla, mutta tarkasteli asiaa laajemmin kysyen, oliko tämä kaikkialla oleminen rajoitettu tähän maailmaan. Hän päätteli, että ei, koska Jumalan on täytynyt olla olemassa ikuisesti paikassa, johon hän sitten maailman tekaisi. Jumala oletettiin liikkumattomaksi, joten jos Hän ei olisi ollut siellä, hänen olisi pitänyt tulla sinne jostain muualta, siis liikkua, mikä ei ollut täydelliselle olennolle soveliasta. Koska Hän olisi voinut luoda maailman halutessaan ihan mihin tyhjään tilaan tahansa, ja koska Hän ei liiku paikasta toiseen, niin Hänen on täytynyt olla niissä kaikissa ikuisesti, on pakko olettaa ääretön määrä eri tyhjiä avaruuksia, jotka yhdessä tarkoittavat ääretöntä avaruutta, jossa Jumala on kaikkialla läsnä oleva. Bradwardine löi vielä varmimman todisteen toteamalla, että Jumala oli toki täydellisempi, jos pystyi olemaan samanaikaisesti useassa paikassa kuin jos olisi vain yhdessä paikassa...(Grant The Foundations of Modern Science in the Middle Ages s. 122)

Valitettavasti Thomas väitti samalla, että Jumala ei pysty luomaan matkan päästä, joten mies syyllistyi kaikkivoipuuden epäilyn rikkeeseen. Duns Scotuksen ja monen muun teologin kanta oli, että jumalallisen aktien perusta oli Jumalan tahdossa, ei Hänen kaikkialla olemisessaan. Jumalan ei tarvitse olla jossain paikassa toimiakseen siellä, vaan hän voi tahtonsa avulla tekaista niin vähäpätöisen asian kuin yhden universumin sanotaan nyt vaikka valovuoden päähän olinpaikastaan.

Yleisesti hyväksytyn tulkinnan asiasta oli esittänyt 1200-luvulla Richard

Fishacre. Tämä kielsi jakamasta Jumalaa osiin, sillä tämän ääretön suunnattomuus oli kokonaisena jokaisessa avaruuden osassa.

Newton päätteli, että jumalan täytyi olla kolmiulotteinen voidakseen täyttää kolmiulotteisen avaruuden, mutta ehkä hän tässä salli fyysikon roolinsa sekaantua liikaa Jumalan miehen rooliin. Tiedämme, että hänen uskonsa oli vajavainen, koska hän hylkäsi kolminaisuusopin. Kolminainen Jumala olikin pelkästään kolmiulotteinen eikä Isän, Pojan ja Pyhän Hengen vaihtaminen x,y,z-ulottuvuuskoordinaatteihin osoita aitoa hurskautta.

Universumin ikä ja äärettömyys

Äärettömyys on yksi niistä käsitteistä, joita ihmisen aivot eivät miellä. Se sopii siis hyvin uskonnolliseen pohdiskeluun. Aristoteles määritteli aikanaan potentiaalisen äärettömyyden ja aktuaalisen äärettömyyden, toteutumattoman ja toteutuneen. Hän uskoi, että vain potentiaalinen oli olemassa. Jos joku luku, vaikka ihmisten lukumäärä kautta aikojen, oli aktuaalisesti ääretön, siihen ei enää voinut lisätä yhtään yksilöä. Matematiikan avulla äärettömyyttä voi yrittää ymmärtää. Luonnollisten lukujen joukon 0,1,2, ... voi ajatuksissaan kuvitella jatkuvan loputtomiin. Toisaalta luku, joka alkaa 1:llä ja jonka perässä on miljoona nollaa, ei ole ääretön. Samoin ei ole luku, jossa ykkösen perässä on miljoona miljoona miljoona miljoonaa jne. Et siis pysty esittämään lukua, joka olisi äärellisen ja äärettömän raja. Jos ajatuksissasi lisäät aina jonkun luvun perään miljoona nollaa yhä uudestaan, et saavuta äärettömyyttä, joten se siitä kuvittelukyvystä.

Äärettömien joukkojen yhtä suuruus on myös eri asia kuin äärellisten. Parillisia lukuja ja kaikkia luonnollisia (siis parittomia ja parillisia yhteensä) lukuja voi väittää olevan saman määrän. Jonot 2,4,6, ... ja 1,3,4,5, ... voidaan asettaa rinnakkain toisen jonon luku vastaamaan aina toisen jonon lukua. Kummallakaan jonolla ei ole toista päätä, joten niiden voi sanoa olevan "yhtä suuria". Parillisten lukujen joukko on kuitenkin vain osa kokonaislukujen joukosta, joten osa ja kokonaisuus ovat yhtä suuria.

Keskiajan teologit tarttuivat ongelmaan ja vetosivat, mihinkäs muuhun, Jumalan kaikkivoipuuteen: totta kai Jumala pystyisi luomaan aktuaalisen äärettömyyden. Tämä ei tarkoita, että he olisivat väittäneet Hänen sellaisen tehneen. Jean Buridan vastusti ja sanoi, että ei pystyisi. Jos sellainen jossain asiassa oli, Jumala ei pystyisi luomaan sitä suurempaa. Buridan taisi tässä vedota kaikkivoipuuteen samalla kieltämällä sen. Hän eli 1300-luvulla ja Pariisin kiellot olivat lähimenneisyyttä. Hän ei ollut teologi, joten hän varovaisuuden vuoksi lisäsi, että "tässä asiassa... jätän päätöksen herroille teologeille."

Aristoteles kannatti ikuista ja luomatonta kosmosta, kristityt eivät. Filoponus keksi jo 500-luvulla, miten Aristoteleen omaa äärettömän käsittelyä voitiin käyttää puolustamaan luomisen ajatusta. 1200-luvulla Bonaventura käytti samoja ideoita. Hän sanoi, että maailman ikuisuus on mahdotonta. Hän vertasi Auringon ja Kuun kiertoliikkeitä Maan ympäri. Aurinko kiertää kerran vuodessa, Kuu 12 kertaa, joten Kuun kiertoliikkeitten ikuisuus olisi siis 12 kertaa Auringon kiertoliikkeitten ikuisuus. Hän piti sitä mahdottomana, koska ajatteli kaikkien äärettömyyksien yhtä suuria ja että aktuaalisesti äärettömään määrään ei voinut lisätä enää mitään.

Bonaventura esitti useita muita perusteluja ikuisen maailman absurdiudesta. Näiden joukossa oli seuraava: "jos maailma on ikuinen ja ilman alkua, on ollut ääretön luku ihmisiä, koska se ei ole voinut olla ilman ihmisiä – sillä kaikki asiat ovat tietyllä tavalla ihmistä varten ja ihminen elää vain rajoitetun ajan. Mutta silloin on ollut yhtä monta rationaalista sielua kuin ihmisiäkin, ja siis ääretön määrä sieluja. Mutta koska ne ovat häviämättömiä muotoja, on yhtä monta sielua kuin on ollut, siis ääretön määrä niitä on olemassa."

Jos sieluja olisi aktuaalisesti ääretön määrä, uusille sieluille ei olisi enää tilaa. Niinpä ajatus ikuisesta maailmasta oli Bonaventuran mielestä osoitettu vääräksi.

Albertus de Saxonia tuotti päättelyketjun alkaen oletuksista, että maailma oli äärettömän vanha ja että sen sisältämän materian määrä oli äärellinen. Hän piti täysin selvänä, että maailmassa olisi tällöin ollut ääretön määrä sieluja. Nähtävästi sitä, että ikuisessa maailmassa oli ollut ihmisiä alusta alkaen, ei pidetty minään oletuksena, vaan varmana tosiasiana. Ylösnousemuksen hetkellä syntyisi pieni probleemi: ääretön sielujen määrä joutuisi tulemaan toimeen äärellisellä määrällä ainetta ylösnousemuskehojen rakennukseksi. Syntyisi kommunismin äärimuoto, jossa yhdessä kehossa olisi lukuisia kuolemattomia sieluja. Albertus ei, kirjoittaessaan 1300-luvulla, voinut ajatella näin tosissaan. Hän kenties vain leikki logiikalla ja muisti taatusti Augustinuksen ohjeet oikeiden premissien valinnan tärkeydestä todeten, että olettaessaan maailman ikuisuuden luonnonfilosofi ei olettanut ylösnousemusta. Aito kristitty loogikko lähti uskoa koskevissa pulmissa lopputuloksesta ja päätteli siitä käsin oletukset.

1300-luvulla Holkot ymmärsi, että Kuun 12 vuosittaista kiertoliikettä ja Auringon yksi tuottivat silti ikuisuuden kiertäessään "yhtä suuret" äärettömyydet eikä seuraus ollut absurdi. Gregorios Rimini todisti myös, miten Jumala pystyi luomaan tunnissa äärettömän määrän enkeleitä käyttäen samaa suhteellisten osien menetelmää kuin Holkot. Hän jopa sai näitten Jumala-pohdintojen kautta mullistavan tuloksen: äärettömyys voi olla osa toista äärettömyyttä, mutta olla siitä huolimatta yhtä suuri kuin se äärettömyys, josta se on osa.

Gregorioksen tuloksia ei osattu tuolloin kehittää laajemmaksi äärettömyyksiä koskevaksi matemaattiseksi teoriaksi, jonka Georg Cantor sai aikaan 1800-luvulla. Hänenkään teorioitaan ei purematta nielty, sillä moni matemaatikko julisti ne mielettömiksi. Jotkut epäilevät niitä tänäkin päivänä, mutta se johtuu vain siitä, ettei Jumalan kaikkivoipuutta nykyisin enää käytetä matemaattisena perusteluna.

Osa III Järjen hätistelyä

Luku 11 Luther ja järjen karkotus teologiasta

"Se, joka käyttää järkeään ja hoitaa sitä, näyttää olevan paras ja jumalten eniten rakastama. Siis jos jumalat vähääkään välittävät ihmisten asioista, kuten heidän ajatellaan tekevän, olisi järkevää, että he iloitsevat parhaasta ja siitä, mikä on eniten heidän kaltaistaan, toisin sanoen järjestä ja että he palkitsevat niitä, jotka eniten rakastavat ja kunnioittavat sitä, koska he kantavat huolta siitä, mikä on jumalille rakasta, ja toimivat oikein ja jalosti. Ja siitä ei ole epäselvyyttä, että kaikki tämä koskee eniten viisasta. Hän siis on eniten jumalten lemmikki. Ja sellaisena hän on myös todennäköisesti onnellisin, joten tälläkin tavalla viisas osoittautuu onnellisimmaksi." (Aristoteles: Nikomakhoksen etiikka)

Keskiajan yliopistojen teologit käyttivät järkeään sekä teologiaan että luonnonfilosofiaan. He sovelsivat sitä myös teologian dogmeihin, mutta eivät haastaneet niiden totuutta tosissaan. Jos jotkut moiseen erehtyivät, kirkko vaiensi heidät nopeasti ja tuhosi kirjoitukset niin, että emme tiedä heistä mitään.

Skolastikot kehittivät logiikan lopulta niin pitkälle, että siitä tuli käytännön kannalta hyödytöntä. Vastustus skolastiikkaa kohtaan alkoi renessanssiksi kutsutulla aikakaudella, joksi kutsutaan aikaa 1300-luvun lopusta 1500-luvun alkuun. Tämä aikakautena syntyi myös myöhemmin humanismiksi kutsuttu liike.

Renessanssin aikana ihailtiin vanhaa kreikkalaista ja roomalaista aikakautta ja sen tuotoksia. Kysymys ei siis ollut mistään kulttuurin modernisoimisesta, vaan päinvastoin sen palauttamisesta antiikin ihanteitten aikaan.

Humanistit eivät käyneet Aristoteleen kimppuun, vaan päinvastoin ajattelivat, että alkuperäinen A oli aito ja skolastikot olivat turmelleet hänen oppinsa. Lopulta uskonpuhdistus kävi myös suuren filosofin päälle ja yritti karkottaa hänet teologiasta. Martti Luther kypsyi skolastikkoihin niin perin pohjin, että kirjoitti tutkielman, jossa hän hyökkäsi näitä vastaan 97 teesin voimalla. Seuraavat teesit kertovat, millaisen ryöpyn Aristoteles-parka niskaansa sai (Grant Science&Religion s. 9):

- On erehdys sanoa, että mies ei voi tulla teologiksi ilman Aristotelesta ...
- Todella, ei kukaan voi tulla teologiksi ellei hän tule siksi ilman Aristotelesta.
- Asenne, että teologi, joka ei ole loogikko, on hirviömäisen kerettiläinen - tämä on hirviömäinen ja kerettiläinen lausunto...
- Turhaan muotoilee kukaan uskon logiikan...
- Mikään syllogistinen muoto ei ole pätevä jumalallisiin termeihin sovellettuna...
- Kuitenkaan ei tästä syystä seuraa, että kolminaisuusopin totuus on ristiriidassa syllogistisen muodon kanssa...
- Jos järkeilyn syllogistinen muoto pitää jumalallisissa asioissa, silloin kolminaisuuden oppi on demonstroitavissa ja ei uskon asia.
- Lyhyesti koko Aristoteles on teologialle kuten pimeys valolle ...

Lutheria on moitittu hänen järkeä sorsivasta asenteestaan. Hänellä oli teologian tohtorin tutkinto, joten hän tunsi hyvin hyökkäyksensä kohteen. Hän hylkäsi järjen käytön (= Aristoteleen) teologiassa, mutta ei maallisissa tieteissä. Pienenä Lutherin maineen palautuksena kerrottakoon siis seuraavaa. Hän tuli lausuneeksi, että "Järki on suurin vihollinen, mikä uskolla on: se ei koskaan tule hengellisten asioiden avuksi, vaan paljon useammin kuin ei kamppailee jumalallista sanaa vastaan, kohdellen halveksunnalla kaikkea, mikä virtaa Jumalasta." Kuulostaa pahalta. Mutta hän sanoi nämä mainesanansa puolustaessaan lapsikastetta sitä käsittämätöntä ajatusta vastaan, että vasta aikuiset ihmiset tulisi kastaa. "Ei, tuossa että lapset ovat vailla järkeä, he ovat kaikki sitä sopivampia ja kelvollisempia kasteen vastaanottajia. ... kun he vastaanottavat kasteen ja sen mukana he vastaanottavat myös uskon." Koettakaapa keksiä, vaikka Suomen kirkon jäsenmäärää ajatellen, taloudellisempaa asennetta järkeen!
Luther painotti Raamatun kirjaimellista tulkintaa. Nykyajan teistifilosofit

ovat tästä innostuneet ja väittäneet, että juuri tämä edisti modernin tieteen syntyä. Luonnonfilosofit ottivat siitä näet oppia ja alkoivat soveltaa samaa menetelmää luonnon kirjan lukemiseen. Yhtä hyvä selitys on ajatella, että järki on rajallinen luonnonvara, joten teologien hylätessä sen sitä vapautui muiden tieteitten käyttöön. Kun kirkon valta maallisissa asioissa väheni eniten protestanttisissa maissa, se auttoi myös tieteen asiaa. Raamatun kirjallinen lukeminen ei taatusti edistä tähtitiedettä niin kauan kuin astronomi roikkuu löysässä hirressä, jossa on pakko selitellä ajatuksensa pelkiksi hypoteeseiksi, jotta saisi esimerkiksi säilyttää leipäpuunsa teologien hallitsemissa yliopistoissa.

Luther painotti sitä, että elämme langenneessa maailmassa. Järki on langennut ja tieteet ovat langenneita, joten se sopii hyvin tieteisiin. Niissä Lutherin mielestä järki oli suurin ajateltavissa oleva apukeino ja Aristoteles arvonsa ansainnut, vaikka uskonpuhdistaja välillä pakanafilosofin jyrkin sanoin tuomitsi. Hän inhosi erityisesti Nikomakhoksen etiikkaa. Pakinan alussa oleva lainaus kertonee syyn siihen.

Lutherin suora Raamatun lukutapa lienee vaikuttanut myös hänen inhottavimpaan piirteeseensä, jyrkkään antisemitismiin. Hitler, vaikka katolinen olikin, oli tuossa mielessä Lutherin inkarnaatio. Huomatkaa vaikka, miten nimetkin sointuvat yhteen. Kristalliyö, jolloin kansallissosialistit polttivat synagogia, järjestettiin Lutherin syntymäpäivänä. Hitler tuomitsi juutalaiset rotuna, Luther uskontona, joten uskosta luopuminen olisi pelastanut juutalaiset, jos Luther olisi ollut Hitler Hitlerin paikalla.

Luther hylkäsi logoksen, mutta ei tajunnut, että se jäi kolminaisuusopin sisään, jota hän ei hylännyt. Katolista kirkkoa vastustavia lahkoja oli runsaasti, yhtenä näistä proto-unitaareiksi nimetty. Nämä sanoivat kolminaisuusopin olevan ihmisten keksintöä. Sehän on samaa (melkein) kuin väittää, että Jumala on ihmisten keksintöä. Kun näin ajatteleva espanjalainen tohtori Servetus erehtyi luulemaan, että Calvinin Geneve on turvallinen paikka hänelle, Calvin teloitutti hänet. Siinä esimerkki miehistä, jotka ottavat uskontonsa tosissaan.

Calvinin seuraaja Theodor Beza puolestaan otti johdonmukaisuuden tosissaan. Aksioomasta, että Jumala on kaikkivaltias, seurasi, että ihminen ei voinut vaikuttaa pelastumiseensa millään tavalla. Jumala on muuttumaton, ikuinen, hänen päätöksensä oikeudenmukaisia. Hän oli määrännyt osan ihmisistä pelastuviksi ja osan ikuiseen kadotukseen, mikä oli täysin oikeudenmukaista, sillä Jumala ei tee mitään väärää. (Augustinus oli aikoinaan samaa mieltä) Luther oli oikeassa, kun ei liittänyt Raamatun kirjaimelliseen lukemiseen loogista ajattelua. Tosin myös Luther kannatti ennaltamääräytymisoppia, vaikka luterilaiset yrittävät unohtaa sen.

Järjen ja käytännön miehet

Kreikkalainen tieteen perinne ei rohkaissut harrastajiaan soveltamaan teorioitaan käytäntöön. Aristoteles piti teoreettista mietiskelyä ihmisen olennaisena ominaisuutena. Arvokkainta olivat ne tieteet, joita ei ollut alistettu ulkoisille päämäärille. Platonkin piti koneitten rakentajaa halveksittavana olentona.

Yliopistoissa opetettavat septem artes liberales tarkoittavat "seitsemää vapaan ihmisen taitoa", koska ne olivat sopivia vapaiden miesten harjoitettaviksi. Teologit eivät poikenneet muista yliopistomiehistä. Heillä Aristoteleen kannattama tieteitten mietiskely korvattiin toki eri kohteella.

Mekaanikot ja insinöörit saivat kärsiä huonosta statuksestaan niin, että vielä 1500-luvulla ihmistä saatettiin haukkua kutsumalla häntä mekaanikoksi tai insinööriksi. Ajan mittaan näiden arvottomuuksien harjoittajat alkoivat puolustaa itseään. Georgius Agricola kirjoitti maineikkaan kirjan De re metallica, jossa opetetaan metallien työstämisen taitoja. Hän totesi, että vuorimieheltä vaaditaan kokemusta ja taitoa tunnistaa maaperän laatu, malmisuonet, eri kivilajit, jalokivet ja metallit. Hän tarvitsi avukseen filosofiaa, lääketiedettä, mittaustaitoa, arkkitehtuuria, piirustustaitoa sekä tietoa laeista ja oikeuksista. Tätä työtä ei voinut erottaa tiedemiehen työstä. Agricola käsitti, että käytännön työn arvoa puolustetaan faktoilla, ei filosofioilla. Tai sillä, että Jeesus syntyi käsityöläisperheeseen, mikä ei liene faktaa eikä filosofiaakaan.

Tieteen saralla pioneerityötä teki Galileo Galilei, joka rakensi itse kaukoputken hollantilaisten käsityöläisten antaman mallin mukaisesti. Hän teki siitä samalla huomattavasti tehokkaamman. Hän ei saanut kaikkia uskomaan, että sen avustuksella nähdyt ilmiöt olivat todellisia eikä vain kaukoputken jotenkin luomia. Nykyaikana lähes kaikki luonnontieteitten alalla tehty tutkimus perustuu instrumenttien mahdollistamaan, aistien ulottumattomissa olevien havaintojen tekemiseen. Niinpä muutos luonnon tarkkailemisesta keinotekoisten kokeitten järjestämiseen oli yksi syy tieteitten kehittymiseen ja modernin tieteen syntyyn.

Ansio tästä pitää saatettaman kristityn maailmankäsityksen ansioksi. Teistifilosofien logiikka soljuu seuraavalla tavalla: kristillinen käsitys luomisesta antaa syyn uskoa, että maailma on järjestynyt. Koska Jumala loi ihmisen omaksi kuvakseen, tämä samalla sai kyvyn maailmaa ymmärtää. (liekö tämä rationaalisen ajattelun määritelmä?) Toisaalta koska Hän saattoi luoda universumin täysin vapaasti (siis niin, että se ei vastannut Hänen ihmiselle antamaa rationaalista ajattelukykyä?), ihminen ei voikaan luontoa ymmärtää. Koska tämä tuottaa pienen ristiriidan, keksittiin perustelu, jonka mukaan syntiinlankeemus pilasi Aatamin omaamat ymmärryksen kyvyt. Niinpä tiedemiehet alkoivat rakennella instrumentteja näitä vaurioita korvaamaan.

Kaukoputkea ei keksitty sattumalta tai rationaalisella aikaisempaan tietoon pohjaavalla päättelyllä. Todennäköisempi tapahtumien kulku meni näin: joku hollantilainen käsityöläinen sai kuulla papilta, että syntiinlankeemus oli vienyt ihmiseltä kyvyn nähdä kauas. Hän oivalsi (mieleen tuli kenties, että Kristus oli syntynyt ihmiseksi), että oli mahdollista korjata tämä vaurio jotenkin. Tämä motivoi hänet asettamaan kaksi linssiä peräkkäin ja tuijottelemaan niitten läpi. Havaittuaan, että kas, näki näin pitemmälle, hän ylisti Jumalaa siitä, että Tämä oli Kristuksen maan päälle lähettänyt.

Käytännön käsityötaidot etenivät yliopistojen ulkopuolella, yhteiskunnan tarpeitten motivoimina. Tekniikkaa ei pidetä tieteenä ja sen tulokset saatiin ilman tieteellisten teorioitten antamaa pohjaa. Esimerkiksi höyrykoneitten kehityttyä alettiin miettiä, mihin niitten antaman voiman tuotto perustui ja asiaa selittävät lämpöopin teoriat luotiin jälkeenpäin. Moderni tiede syntyi myös yliopistojen ulkopuolella. Yksi syy siihen oli teologien ylivalta niissä. Teologien pyrkimyksenä oli pitää tiukasti kiinni entisestä ja yrittää, vaikka väkivalloin, estää dogmiensa kyseenalaistaminen. Yliopistoissa luonnonfilosofian ja uskonnon opit olivat toisiinsa sidotut niin, että luonnontieteitten edustajien piti visusti varoa, että ei erehtynyt esittämään jotain, joka teki vaikkapa ehtoollisen ihmeen tieteellisen selittämisen mahdottomaksi. Siinä mielessä Lutherin aikaansaama tieteen ja uskonnon erottaminen auttoi myös tiedettä vapautumaan uskonnon kahleista. Kehitys oli varsin hidasta. Luther kuoli vuonna 1546 ja vielä pitkään hänen jälkeensä sekä katoliset että protestanttiset yliopistot rajoittivat tieteen harjoitusta uskonnon nimissä. Sen kokivat Kopernikus, Descartes, Kepler, Galilei ja lukuisat muut siitä huolimatta, että kaikki nämäkin mainitut tieteen tekijät olivat hartaita uskon miehiä.

Luku 12 Kepler ja kristillinen universumi

Modernin tieteen syntyä on tapana havainnollistaa kertomalla, miten tähtitieteen maakeskinen universumi menetti asemansa aurinkokeskisen tieltä. Muutoksen laittoi alulle katolisen kirkon virkamies Nikolaus Kopernikus kirjallaan v. 1543 De Revolutionibus Orbium Coelestium (Taivaallisten pallojen kiertoliikkeistä). Kopernikus oli Italiassa opiskellessaan saanut tartunnan uusplatonisilta aurinkomystikoilta ja ryhtyi puhtaasti esteettisistä ja filosofisista syistä rakentamaan aurinkokeskistä kosmoksen mallia. Siinä Maa siirrettiin planeettojen joukkoon kiertämään Aurinkoa omaan kristallisfääriinsä liimattuna. Planeettojen kiertoratojen keskukseksi hän asetti Maan kiertoradan keskuksen. Hän ei käyttänyt tulostensa tukena uusia havaintoja saati sitten tehnyt niitä. Hän teki tavallaan uuden ptolemaiolaisen tähtitieteen kirjan käyttäen edelleen eksentrejä ja episykejä. Maalle hän joutui lisäämään päivittäisen akselin ympärikierron ja vuosittaisen auringonkierron lisäksi ylimääräisen liikkeen, joka selitti, miksi kiinteän pallonkuoren kera kiertävä Maa oli kallistunut Aurinkoon päin niin, että vuodenajat syntyivät.

Katolisen kirkon eräs edustaja syytti mallia siitä, että se rikkoi tieteitten alistuneisuuden periaatetta: alemman tieteen (astronomian) olisi pitänyt totella ylempäänsä (teologiaa). Teologia tarjosi kuvauksen kosmoksen fyysisestä rakenteesta eikä astronominen kuvaus voinut (lue: saanut) olla sen kanssa ristiriidassa. Kirja kiellettiin vasta 1600-luvulla, mutta tuskinpa kirkon asenne jäi epäselväksi.

Astronomit eivät hekään aurinkokeskisyyttä kannattaneet. Puolustajat olivat enimmäkseen muita kuin asian ammattilaisia ja puolustamisen syyt täysin muita kuin fysikaaliseen todellisuuteen perustuvia.

Tyko Brahe (k. 1601) ja Johannes Kepler (k. 1630) jatkoivat Kopernikuksen työtä. Molemmat olivat protestantteja, joten tutkin seuraavassa, missä määrin eri aatteet heitä ohjasivat. Otan mukaan seuraavat tekijät: protestanttinen kirkko eri lahkoineen, katolinen kirkko, ja kreikkalaisen filosofian perintö.

Ensimmäisenä varsinaisena tiedemiehenä pidetään yleensä Galileo Galileita (k. 1642). Brahe ja Kepler eivät sellaisia olleet. Galilei kirjoitti tieteellisiä teoksia italiaksi. Hän kirjoitti tekstiä, jota myös oppimattomat ymmärsivät eikä hairahtunut laajemmin filosofoimaan. Kepler erehtyi siihen pahemman kerran. Kepler oli ansiokas optikko, mikä selittyy sillä, että hän oli hyvä matemaatikko. Hän selitti, miten silmä toimii, mistä likinäköisyyden kaltaiset näön virheet johtuvat ja miten silmälasit ne korjaavat. Hän pystyi selittämään myös kaukoputken periaatteen, missä Galilei epäonnistui. Tähtitieteen saralla planeettaliikkeen kolme lakia ovat selkeästi täysin hänen omia saavutuksiaan. Niiden keksimiseen vaadittavat mittaustulokset hän sai Brahelta, joita ilman häntä ei tähtitieteilijänä olisi meille olemassa. Modernin tieteen tulokset syntyivät, kun sopiva määrä empiriaa yhdistyi rationaaliseen filosofiasta ja uskonnosta puhdistettuun ajatteluun ja matematiikkaan. Tässä mielessä ensimmäinen todellinen tiedemies oli Brahen ja Keplerin muodostama yhdistelmä Brahe-Kepler, jos heistä karsitaan pois em. heikkoudet ja otetaan mukaan parhaat puolet.

Tyko Brahe

Tyko Brahe oli tanskalainen rikkaan perheen vesa, joka innostui tähtitieteestä nuorena poikana. Hän opiskeli eri yliopistoissa jonkin verran, mm. lakia, mutta teki tähtitieteellisen uransa yliopistojen ulkopuolella Hvenin saarella, jonka hän sai hallintaansa Tanskan kuninkaalta talonpoikineen kaikkineen. Hän rakensi sinne valtion rahoituksella kaksi observatoriota, paperimyllyn, kirjapainon ja alkemiallisia laboratorioita. Samalla hän kehitti ajan mittapuiden mukaan ylivoimaisen tehokkaat tähtitieteelliset kojeet, joiden avulla hän ja hänen apulaistensa mittasivat planeettojen asemia yhtäjaksoisesti yli kaksikymmentä vuotta.
Tähtien asemat mitattiin suhteessa kiintotähtiin. Auringon asemien mittaaminen koko kierroksen matkan vie 4 vuotta, Marsin ja Jupiterin 12 vuotta, Saturnuksen 30 vuotta. Homma ei siis onnistu hetken mielijohteesta, vaan vaatii pitkäjänteisyyttä ja rahaa.
Ajan tavan mukaan hän laati astrologisia ennusteita ja myi alkemistisia lääkkeitä. Molempia pidetään nykyisin perin epätieteellisinä puuhina. Myös Kepler hankki huomattavan osan rahoistaan astrologialla, mikä oli huomattavasti astronomiaa tuottoisampi "tiede".

Luterilainen uskonto Tanskassa ei yllyttänyt Raamatun vastaisiin näkemyksiin. Niinpä Tykokin astronomisia asioita miettiessään yritti tyydyttää sekä Raamatun ja teologien näkemyksiä että omia havaintojaan. Hän hylkäsi taivaitten muuttumattomuuden ja kristallisfäärit ajatellen, nähtävästi ensimmäisenä astronomina, että planeetat sijaitsivat avaruudessa ilman että mikään tuki niitä mitattuaan v. 1572 havaitun supernovan ja v. 1577 havaitun komeetan asemat. Hän totesi, että ilmiöt tapahtuivat kuunylisessä avaruudessa, joten taivaat eivät olleet muuttumattomia. Komeetta puolestaan lensi oletettujen planeettoja kannattavien pallonkuorien läpi, joten niitä ei voinut olla. Selvät havainnot saivat oppineet hylkäämään väärät käsitykset, joten kehitys ei perustunut mihinkään filosofointiin tai uskontoon, jotka molemmat toimivat pelkkinä kehityksen jarruina.

Tyko ei uskonut, että Maa pyöri akselinsa ympäri tai kiersi Aurinkoa. Hän luotti tässä fysiikan tietoihinsa. Se, että ne sattuivat olemaan vääriä, on anteeksiannettavaa.

Tyko päätteli, että jos kanuunalla ammutaan kuulat sekä itään että länteen, länteen ammuttu kuula lentää pitemmälle, jos Maa pyörii kuulan alla sitä vastaan. Havainnot kertoivat toista. Oresme oli 1300-luvulla selittänyt asian, joten ehkä Tyko ei tätä tiennyt. Maan kiertäminen Auringon ympäri saa aikaan sen, että kiintotähtiin mitattujen kulmien on oltava eri suuret eri vuodenaikoina, suurimmillaan puolen vuoden välein. Edes Tykon mittausten tarkkuus ei riittänyt eroa havaitsemaan, joten kiintotähtien etäisyys Maasta oli valtavan paljon suurempi kuin osattiin kuvitella. Tyko jopa laski, kuinka suuri sen pitäisi olla ja piti tulosta mahdottomana.

Jos luottamus Raamatun totuuteen jätetään pois, Tyko toimi nykyajan tiedemiehen tavoin. Hänen suurin kirjallinen intohimonsa oli laatia mittausten perusteella uudet tarkat tähtitaulukot. Hän ei ryhtynyt kirjoittamaan suuria filosofisia teoksia, jos siksi ei lasketa oman kosmoksen mallin julkistamista.

Tykon mallissa Aurinko, Kuu ja kiintotähdet kiersivät Maata ja planeetat Aurinkoa. Näin hän katsoi tyydyttäneensä sekä teologit ja havainnot, ehkä myös rahoittajansa hovissa. Hänessä oli silti enemmän kuin 50 % tiedemiestä nykyajan katsannossa. Keplerissä sitä oli vähemmän kuin nuo 50 %, mutta yhteensä heissä oli sitä riittävät 100 %.

Kuningas vaihtui ja uusi kuningas katsoi, että Tyko voisi tulla toimeen vähemmälläkin rahoituksella. Tyko suuttui, otti ja lähti. Hän päätyi Prahaan, missä Pyhän Rooman keisari Rudolph II hallitsi. Hän sai paikan keisarillisena matemaatikkona ja oman linnan käyttöönsä kaupungin läheltä. Tämä tapahtui vuonna 1599, jolloin Tyko oli yli viisikymppinen mies. Näin hänen tarkat mittaustuloksensa tulivat lähemmäs Kepleriä ja Brahe-keplerin synnyn aika koitti.

Tuohon aikaan Pohjois-Euroopan protestanttiset kirkot vastustivat aurinkokeskistä mallia voimakkaammin kuin katolinen kirkko. Väitteen, että juuri luterilainen kristillinen, siis nimenomaan Jeesukseen uskova, maailmankatsomus sai Tykon tähtien asemia mittaamaan, pystyvät nykyajan teistifilosofit toki perustelemaan, joten jätän asian heille. Katolinen kirkko kannatti jakomielistä tähtitiedettä, jossa jopa aurinkokeskisyys hyväksyttiin, kun sitä ei väitetty todeksi.

Aristotelisessa luonnonfilosofiassa matematiikan ei katsottu kertovan todellisuudesta oikein mitään. Ptolemaioksen mallia pidettiin keinona, jonka avulla planeettojen asemat saatiin laskettua, mutta Aristoteleen kosmoksen mallin kristillisine lisäyksineen katsottiin vastaavan fysikaalista todellisuutta. Kopernikuksen kirjan toimittaja oli lisännyt esipuheen, jossa kirjan kerrottiin esittävän vain hypoteettisen mallin eikä sitä tarkoitettu todesta otettavaksi. Nähtävästi tämän takia katolinen kirkko ei sitä heti kieltänyt, vaan vasta sitten, kun Galilein kaltaiset ilkiöt 1600-luvulla alkoivat väittää mallia todeksi. Hän, kuten myös Kopernikus ja Kepler, ottivat matematiikan tosissaan ja uskoivat laskujen kertovan myös todellisuudesta jotain.

Johannes Kepler

Johannes Kepler syntyi luterilaisessa Württembergin maakunnassa. Perhe oli köyhä, isä juoppo sotilas ja äiti noita. Pojasta tuli sairaalloinen ja huononäköinen. Jälkimmäisen puutteen korvasivat Brahen tähtitieteelliset laitteet.

Kepler oli lahjakas oppilas ja pääsi Tübingenin yliopistoon teologiaa lukemaan. Ennen niitä hän ajan tavan mukaan luki matematiikkaa, filosofiaa ja tähtitiedettä. Hän kannatti kopernikaanista kosmoksen mallia sekä fysikaalisista että metafyysisistä syistä, oman kertomansa mukaan.

Kepler lopetti teologian opiskelunsa kesken, kun yliopisto suositteli häntä Grazin protestanttisen koulun matematiikan opettajan virkaan. Virkaan kuului myös kalenterin laatijan työ, mikä johti Keplerin entistä tiukemmin astronomian pariin. Kepler oli surkea opettaja. Hyvät opettajat eivät kesken opetuksen koe mystisiä ilmestyksiä, mihin Kepler hairahtui. Hän kertoo saaneensa sellaisen v. 1595 käsitellessään geometrian tunnillaan viittä säännöllistä monikulmiota (ilmestys oli sentään geometriaan liittyvä). Se kertoi hänelle, miten Jumalan on täytynyt kosmosta luodessaan niitä mallinaan käyttää.

Keplerin ajatteli, että tähtien tutkimisen varsinainen päämäärä oli Jumalan luomissuunnitelman selvittäminen. Tämä on mahdollista, koska Jumala on luonut ihmisen omaksi kuvakseen, mistä syystä ihmisen ajatukset ovat Jumalan ajatusten kaltaisia. Kepler painotti sitä, että tärkein näistä kyvyistä on kyky tajuta geometriaa, minkä kristillisyys herättää lieviä epäilyjä. Nuo aivoitukset muistuttavat enemmän Platonia kuin kristinuskoa, varsinkin kun Kepler ryhtyi jäljittämään Jumalan ajatuksia platonisten kappaleitten ja pythagoralaisten harmonioitten kautta. Jälkiviisaina tiedämme, että suunta vei pahasti harhaan.

Kepler uskoi, että Jumala loi kosmoksen pitämällä kiinteitten järjestelmien mallina palloa. Kolminaisuusoppi näyttää myös vaikuttaneen asiaan. Isä oli keskellä oleva Aurinko, Poika kiintotähtien pallonkuori ja Pyhä Henki Auringosta lähtevät säteet. Kepler uskoi universumin olevan rajattu tähän Poikaan, mistä seuraa, että hän piti kosmosta äärellisenä pallomaisena kokonaisuutena.

Liikkuvat taivaalliset kappaleet puolestaan Jumala sijoitti käyttämällä mallina viittä säännöllistä monitahokasta, jotka Platon oli ajatellut alkuaineittensa atomien muodoiksi. Ajatukset menivät näin: "Maan kehä on kaikkia mittaava kehä. Piirrä sen ympärille dodekaedri, ja sen sisältävä kehä on Mars. Marsin ympärille piirrä tetraedri; sen sisältävä kehä on Jupiter..."

Kun Kepler oli saanut idean päähänsä, hän ryhtyi todistamaan sen vastaavuutta todellisuuden kanssa. Hän käytti apunaan kopernikaanisen mallin perusteella laskettuja planeettojen etäisyyksiä, joitten perusteella hän sijoitti monikulmiot paikalleen. Tiedot eivät täsmänneet, mutta Kepler syytti siitä etäisyyksiä koskevissa tiedoissa olevia mahdollisia virheitä. Tarkemmatkaan mitat eivät auttaneet, mutta Kepler ei koskaan monikulmioistaan luopunut. Kepler kiitti jatkuvasti kaikista aivoituksistaan, sekä oikeista että vääristä, Jumalaa. Keksittyään monitahokkaansa Kepler julisti (jälkeenpäin) tunteensa suurta iloa ja halusi kertoa tästä kaikille, jotta nämäkin voisivat ylistää Jumalaa. Kepler kirjoitti kirjan Mysterium Cosmograficum, jossa nämä kosmograafiset ajatukset tuotiin julki. Se ilmestyi v. 1597, minkä jälkeen Kepler lähetti kirjaa tunnetuille viisaille. Galilei sai omansa, mutta ei jaksanut lukea muuta kuin esipuheen, jossa oli ansiokas selostus kopernikaanisesta kosmoksesta. Myös Tyko sai kappaleensa. Tähän vaikuttivat eniten Keplerin matemaattiset kyvyt, varsinkaan kun hän ei kannattanut aurinkokeskistä mallia. Brahe ehdotti vastauskirjeessään Keplerille liittymistä joukkoonsa.

Mysterium-kirjassa Kepler pohti koko maailmankaikkeuden rakennetta monitahokkaitten ja pallojen avulla. Hän käsitteli siinä myös planeettojen liikkeitten syitä. Hän tiesi, että planeetat liikkuvat radoillaan sitä hitaammin, mitä kauempana ne ovat Auringosta. Joko planeettoja liikkeelle paneva voima, anima motrix on kauempana heikompi tai sitten syy on yksi ja sama Auringossa sijaitseva voima, joka heikkenee etäisyyden kasvaessa. Tämä oli jo oikeaan suuntaan viittaava oletus, vaikka Kepler ei koskaan päässyt painovoimaan saakka ja selitti myöhemminkin Auringon pyörimisliikkeen olettaen sille sielun.

Uskonnon vaikutus tähtitieteen kehitykseen näkyy tapahtumissa, jotka veivät Keplerin Brahen apulaiseksi. Steiermarkin arkkiherttuaksi tuli katolinen Ferdinand. Hän määräsi Grazin kaikki protestanttiset opettajat ja teologit joko poistumaan tai kääntymään katolisiksi. Kepler poistui, mutta sai palata takaisin. Hän menetti kuitenkin virkansa, mikä tiesi äskettäin avioituneelle miehelle taloudellisia vaikeuksia.

Tyko Brahe oli saanut Pyhän Rooman keisari Rudolf II :lta keisarillisen matemaatikon viran. Keisarin neuvonantaja oli tavannut Keplerin ja pyysi tätä Brahea tapaamaan. Tapaaminen toteutui. Kepler tajusi, että Tyko ei ikinä luovuttaisi ulkopuolisille mittaustensa tuloksia, joten ne saadakseen hänen tulisi jäädä muutamaksi vuodeksi Prahaan. Tyko tarjoutui maksamaan muuton Grazista luokseen ja vakuutti, että keisari antaisi hänelle palkallisen viran, jos hän jäisi sinne. Kepler palasi Graziin, kieltäytyi kääntymästä katoliseksi ja karkotettiin. Hän yritti vielä saada virkaa Tübingenistä, mutta sielläkin hänet torjuttiin. Keplerin luterilaisuus herätti epäilyjä, sillä hän kannatti kalvinistista ehtoollisoppia, jossa ajateltiin Kristuksen olevan rituaalissa läsnä vain symbolistisesti eikä sillä tavalla oikeasti, mitä nyt luterilaiset mahtavatkaan pitää oikeana läsnäolona. Niinpä Kepler muutti lopulta perheineen Prahaan, sieltä v. 1601 Brahen luo. Keisari Rudolf nimitti hänet Tykon viralliseksi palkatuksi apulaiseksi tehtävänään laatia uudet planeettojen asemien taulukot, jotka piti nimettämän keisarin kunniaksi Rudolfilaisiksi taulukoiksi.

Edellä kerrotut tapahtumat jättävät hieman epäselväksi, mitä uskontokuntaa meidän on kiittäminen planeettaliikkeitten laeista. Katoliset karkottivat Kepler-paran Grazista, luterilaiset eivät hyväksyneet häntä Tübingeniin, suvaitsevainen Praha otti vastaan. Kolminaisuusoppi on sama katolisille ja protestanteille, mutta ehtoollisen käsityksissä on selkeät erot kalvinistien, katolisten ja luterilaisten välillä. Teen siis kompromissin: kiittäkäämme kalvinisteja siitä, että Kepler ajettiin Prahaan Brahen apulaiseksi, mikä mahdollisti aikakauden suurimman astronomin, Brahe-Keplerin synnyn.

Brahe-Kepler

Brahe-Kepler synnyn tiellä oli vielä yksi este: Brahe kannatti maakeskistä ja Kepler aurinkokeskistä kosmosta. Jälkiviisaina voimme kiittää sitä, että Brahe kuoli yhteistyön kestettyä vain vuoden päivät. (Jätän tässä aprikoimatta, ketä pitäisi kiittää siitä). Vaikka hän kuolinvuoteellaan pyysi Kepleriä mainostamaan omaa käsitystään, Kepler pitäytyi kopernikanismissa. Harmonioistakaan hän ei luopunut, vaan uskoi, että Brahen tarkat mittaukset ne oikeiksi osoittaisivat.

Brahe antoi hänelle tehtäväksi Marsin radan laskemisen. Kepler uskoi, että rata olisi täydellinen ympyrä, kiertoratojen keskus olisi Auringossa ja nopeus tasaista. Kaikki oletukset olivat vääriä. Kristillinen näkökanta sanoo, että kristillinen näkemys universumista lopulta sai Keplerin luopumaan näistä virheistään, koska ne olivat kreikkalaista alkuperää, mutta eivät kristillisiä. Edelleen sama kanta kertoo, että juuri kristillinen asenne luontoon sai hänet työtään sitkeästi jatkamaan, jolloin unohdetaan sopivasti, että asenne oli Platonilta peritty. Kristillinen näkemys kertoo myös, että Maa on kiertoratojen keskus, mutta nähtävästi ajatellaan, että se ei olisi mitenkään estänyt elliptisen radan keksimistä. Kepler laski rataa kuusi vuotta. Siitä kertovat hänen jälkeensä jättämät 900 sivua laskelmia.

Kepler yritti sovittaa Tykon Marsin liikkeestä saamat havaintotulokset ptolemaiolaisen ja kopernikaanisen tähtitieteen sallimiin kehäyhdistelmiin. Hän teki seitsemänkymmentä eri yritystä. Hän siirsi keskuksen hieman syrjään (Kopernikuskaan ei ollut saanut keskusta keskelle), mutta ajatus oli siis kreikkalaista alkuperää ja helppo hylätä. Kepler oli jo huomannut, että Mars liikkui nopeammin ratansa toisella puoliskolla, joten se oli nähtävästi lähempänä Aurinkoa. Hän huomasi virheitä laskelmissaan, korjasi niitä joskus jopa tekemällä tuloksia parantavia virheitä. Hänellä ei ollut varaa palkata apulaisia, joten hän laski itse.

Hän keksi ensin toisen lakinsa: Auringosta planeettaa piirretty kuvitteellinen viiva pyyhkii yhtä suuret alueet samassa ajassa. Tämä on geometrinen tapa kertoa, että lähempänä Aurinkoa planeetta liikkuu nopeammin. Vuosia myöhemmin hän lopulta oivalsi, että Marsin rata ei ole ympyrä, vaan ellipsi, jonka toisessa polttopisteessä Aurinko on. Eräässä vaiheessa Kepler pääsi tulokseen, jonka perusteella rata eräässä kohdassa erosi 8 kaariminuuttia Brahen mittauksista. Kepler ajatteli, että koska Brahen mittausten virhe oli korkeintaan 4 kaariminuuttia, ei Jumala olisi niin suurta virhettä tehnyt. Tämän jälkeen Brahe-Kepler päätyi, kenties pelkästään sitkeän laskemisen ansiosta, elliptiseen rataan. Raamatussa ei missään puhuta moisesta, mutta siellä ei puhuta myöskään täydellisistä ympyröistä, joten voimme sälyttää ympyräradat kreikkalaisten synniksi ja antaa kunnian elliptisistä radoista kristilliselle maailmankuvalle.

Kepler julkaisi tuloksensa Astronomia Nova - kirjassa 1609. Galilei, joka vaikutti osaltaan aurinkokeskisen mallin hyväksymiseen, ei reagoinut mitenkään. Hän ei nähtävästi koskaan hyväksynyt elliptisiä ratoja eikä osannut arvostaa Keplerin saavutuksia.

Kepler oli omana aikanaan kuuluisa astrologina, mutta ei astronomina. Hänen olisi pitänyt jättää filosofoinnit Jumalan ajatuksista sikseen, mutta toisaalta se piti hänet henkisesti terveenä. Filosofointi auttoi selviämään myös Marsin radan inhasta laskentatyöstä, johon hänet pakotti myös taloudellinen tilanne. Häntä painostettiin koko ajan eri tahoilta saattamaan Brahen tähtitaulukkotyö päätökseen. Kepler piti päätyönään v. 1619 ilmestynyttä Harmonices mundi-kirjaa, jossa hän katsoo löytäneensä taivaalliset harmoniat. Kirjassa muun materiaalin joukossa on Keplerin kolmas laki, joka kertoo, mikä on planeetan kiertoaikojen suhde planeetan rataan. Se on taas esimerkki siitä, miten täysin vääriä polkuja tallaava Kepler osuu todelliseen tieteen helmeen. Osumista voimme kiittää hänen matemaattisia kykyjään enemmän kuin maailmankatsomuksellista johdatusta.

Pythagoras oli 500-luvulla eaa todennut, että musiikissa harmoniset intervallit vastaavat tiettyjä kokonaislukusuhteita. Kepler etsi lisää matemaattisia harmonisia suhteita, joita hän sitten haki planeettoihin liittyvistä suureista. Hän kokeili planeettojen Auringosta laskettuja pienimpiä ja suurimpia etäisyyksiä. Ei löytynyt. Hän kokeili planeettojen nopeuksia kohdissa, joissa ne liikkuivat nopeimmin ja hitaimmin. Ei, vaikka tässä tapauksessa analogia oli parempi. Nopeudet myös näyttivät osoittavan likimääräisiä harmonioita suhteessa planeetan omiin ratoihin.

Hän yritti löytää määrättyä suhdetta planeetan kiertoon auringon ympäri kuluvan ajan ja sen etäisyyden Auringosta välille. Hän tiesi ennestään, että planeetan nopeus radan eri kohdissa riippuu sen etäisyydestä aurinkoon ja uskoi, että joku voima aiheutti sen. Näistä faktoista hän päätteli, että suhteen täytyi olla olemassa. Mietteet synnyttivät lopulta Keplerin kolmannen lain. Kepler julisti olevansa "taivaallisten harmonioitten jumalallisen näyn synnyttämän sanomattoman ihastuksen mukaansa tempaama ja lumoama." Voimme pitää keksintöä niin arvokkaana, että se moisen hehkuttelun ansaitsee, vaikka emme jumalallisiin näkyihin uskoisikaan.

Kirja sisälsi edelleen säännöllisiä monikulmioita, myös vain osittain säännöllisiä ja niistä irtoavaa mystiikkaa. Samoin planeettojen yhteyksiä eri metalleihin, erilaisia astrologisia suhteita yms. Hän liitti planeettoihin sävelen tai intervallin väittäen jopa, että kukin planeetta ilmaisee jotain äänityyppiä, joita olivat sopraano, kontra-altto, tenori tai basso. Siis kovin vierasta meille. Jopa aikalaiset pitivät häntä omituisena, hieman seonneena astrologina löytämättä kirjoituksista niitä kolmea helmeä, jotka jälkipolvi sitten sieltä onki esiin.

Hänen kirjoistaan v. 1627 valmistuneet Rudolfin taulukot olivat ainoa menestys. Astrologit ottivat tarkat taulukot riemuiten vastaan. Olihan ennusteitten onnistuminen toki kiinni tähtien oikeitten asemien tietämisestä kunakin ajankohtana. Astronomit tiesivät jo pelkästään Brahen maineen perusteella niiden tarkkuuden. Käytäntö osoitti sen myös, kun Pierre Gassendi havaitsi ensimmäistä kertaa koskaan Merkuriuksen ohikulun auringon edestä. Gassendi tiesi, milloin piti tarkkailla laskettuaan sen Keplerin laatimista taulukoista.

Kepleriä voi pitää luonnonfilosofina, joka seurasi Platonin jalanjälkiä eikä niinkään kristillisiä ajatuspolkuja. Hän ajatteli aluksi, että planeettoja liikuttivat Auringon niihin lähettämät henget. Platon jätti liikkeet planeettojen sielujen varaan, jotka kristityt aikoinaan muuttivat enkeleiksi. Kepler siirtyi sitten hiljalleen kohti maallisempia selityksiä korvaten henget fysikaalisilla voimilla. Hän käytti esimerkkinä Gilbertin v. 1600 ilmestynyttä magneetteja käsittelevää kirjaa ajatelleen, että Auringon ja planeettojen magneettiset voimat vuoroin työntävät ja vuoroin vetävät ja tällä tavalla aiheuttavat liikkumiset ja kiertoradan muodot.

Kepler totesi, että ympyräradat olisivat sopivia, jos henget ovat valinneet sen planeettojen liikkumismuodoksi. Liikkeisiin vaikuttavat myös materiaaliset voimat ja nämä estävät henkiä toteuttamasta tarkoin suunnitelmaansa. Kepler seurasi Platonia siis siinä, että hän ajatteli luonnossa olevan voimia, joille Jumalakaan ei mahtanut mitään. Jumala ei voinut luoda maailmaa täysin tyhjästä ja täysin oman halunsa mukaan. Siihen vetoavat uskonnolliset selitykset vievät ainakin Keplerin suhteen harhaan.

Tiedemiesten selostukset on kirjoitettu jälkikäteen. He yrittävät tehdä väitteistään uskottavia keksimällä perusteluja jälkikäteen. Keplerin perustelut olivat aristotelisen filosofian tyylisiä ajatuskulkuja, jotka on kuorrutettu uskonnolla. Tulos on sekamelska, joka meidän aikamme tapoihin tottuneelle on täysin vailla mitään todistusvoimaa. Omat aikalaisetkaan, ainakaan ammattiastronomit, eivät vakuuttuneet. Elliptiset radat hyväksyttiin 1700-luvulla lopullisesti, kun Newton oli perustellut ne laskemalla painovoimateoriansa avulla.

Suomessa Raimo Lehti on kirjoittanut perusteellisen selostuksen astronomian kehityksestä 1500-1700-välisenäa aikana. Hänkin lienee lukenut filosofien ja teistien selityksiä siitä, miten Kepler lakeihinsa päätyi. Lainaan häntä: "Tieteenharjoittajien psykologiaan, sosiologiaan, yhteiskunnan tarpeisiin tai ylipäänsä vain ihmisiin ja heidän toiveisiinsa, uskomuksiinsa ja käyttäytymiseensä vetoavat syyt eivät selitä, miksi Kepler omaksui aurinkokeskisyyden, miten hän joutui pintalakiin, ellipsilakiin ja 3/2 - lakiin. Keplerin työn ja sen onnistumisen selitykseksi tarvittiin aurinkokuntaa, joka on sellainen kuin se on. Sen enempää logiikka kuin estetiikkakaan ei olisi auttanut, jos aurinkokunta olisi ollut toisenlainen. Kepler itse tiesi tämän, mutta hänen toimiensa selostajille asia on kummallisella tavalla hämärtynyt."

Luku 13 Raamattu luonnontieteen oppikirjana Turussa

Turun yliopisto perustettiin v. 1640 Ruotsin Uppsalan mallin mukaan. Ruotsi-Suomi oli tuolloin suurvaltana laajimmillaan. Sen alueella oli viisi yliopistoa. Suuri Pohjan sota alkoi v. 1700 ja teki lopun suurvallasta. Suomi joutui väliaikaisesti Venäjän vallan alle alkaen v. 1710 tapahtuneesta Viipurin menettämisestä päättyen rauhaan v. 1721. Yliopiston tehtävänä oli kouluttaa pappeja ja virkamiehiä valtakunnan palvelukseen. Uuden tiedon etsintä ei kuulunut yliopiston päämääriin. Tämä asenne kuvastuu hyvin rehtori Michael Wexioniuksen sanoissa v. 1641 : "Jokaisen professorin on pidettävä huolta siitä, ettei hän esitä mitään uutta siinä tarkoituksessa, että hän näyttäisi tekevän jotakin enemmän tai paremmin kuin muut, sillä siitä aiheutuisi epäilemättä vain ärtymystä ja epäsopua ."

Tiukka luterilaisuus piti yliopiston lujassa otteessaan. Teologinen tiedekunta oli vaikutusvaltaisin ja sen professorit parhaiten palkattuja. Jos muiden tiedekuntien professorit halusivat edetä urallaan, se tarkoitti pyrkimystä päästä teologiseen tiedekuntaan. Tämä ei edistänyt uskonnosta vapaan luonnontieteen harjoittamista tai opettamista.

Raamatun kirjaimellinen lukeminen

Uskonpuhdistuksen väitetään aiheuttaneen sen, että Raamatun allegorisesta tulkintatavasta siirryttiin tulkitsemaan sitä kirjaimellisesti. Allegorinen tapa tarkoittaa sitä, että tekstin takaa pyritään löytämään salattuja merkityksiä. Myös Luojan toisesta kirjasta, luonnosta, niin väitetään, oli tuohon saakka yritetty hakea näitä symbolisia merkityksiä, mikä haittasi sen salaisuuksien paljastamista. Kun Pyhän kirjan kirjaimellinen lukutapa siirtyi myös tieteeseen, se auttoi tieteen kehitystä. Karen Armstrong sanoo, että itse asiassa tieteen kehitys pakotti myös teologit tulkitsemaan Raamattua kirjaimellisesti, siis päinvastoin kuin teistien väittämä.

Raamatun kirjaimellinen tulkinta on käytännössä mahdotonta. Luther ajatteli, että Vanha testamentti ennusti Kristuksen tulon, joten ei kun tulkitsemaan, jos ei allegorisesti, niin sitten typologisesti. Calvin arvosti tieteellistä tutkimusta ja väitti, ettei tieteen ja pyhien kirjoitusten välillä voinut olla ristiriitaa. Tämä johti taas, mihinkäs muuhun, Raamatun ei-kirjaimelliseen tulkintaan. Jumala oli sovittanut sanomansa niin, että esimerkiksi luomiskertomus vastasi lapseen kohdistettua lepertelyä. Monimutkaiset tapahtumat olivat siinä yksinkertaistetut ihmisen ymmärryksen tasolle. Jo Filon oli todennut, että Aatami oli meitä paljon täydellisempi ihminen. Hän on ainoa, jonka Jumala oli kokonaan luonut ja siitä eteenpäin ihmisistä syntyneet jälkeläiset sen kun heikkenivät laadultaan. Aatami oli "absolutissimi Philosophi", täydellinen filosofi, jolla oli kaikki tieto hallussaan. Voimme näin olettaa, että Aatamin näköaisti havaitsi infrapunan ja ultravioletin lintujen tavoin eikä hän tarvinnut kaukoputken tai mikroskoopin kaltaisia apuvälineitä. Hiukkaskiihdyttimen kykyjen omaamiseen on vaikeampaa uskoa, mutta uskotaan nyt.

Lankeemus tuhosi sekä ruumiin että älyn kykyjä. Tiedon puusta syöminen aiheutti Aatamin luontoa koskevien tietojen vaihtumisen tietoon hyvästä ja pahasta. Voimme kiittää Eevaa ja käärmettä, että meillä on tämä kaikkea muuta tärkeämpi moraalinen tieto hallussamme. Raamatun kirjaimellinen lukeminen tosin kertoo, että omenan syömisen jälkeen Aatami ja Eeva keksivät olevansa alastomia. Ellei ajatella, että Luoja siunasi tällä teollaan ihmiskuntaa pornografialla, on pakko käyttää taas ei-sanatarkkaa, kenties jopa allegorista tulkintaa.

Tieteen historia ei tue väitettä, että protestanttisuus vaikutti suosiollisesti modernin tieteen syntyyn ja katolisuus haittasi sitä. Kehityksen jarruttamiseen syyllistyivät sekä protestanttiset että katoliset tahot. Tiedettä tekevien oli keksittävä tuloksiaan oikeuttaakseen uskontoon liittyviä selityksiä ja ylistettävä ne samalla Jumalan ansioksi. (Tämä ei tarkoita, etteivät he olisi olleet uskossaan vilpittömiä.) Luonnon julistaminen Luojan toiseksi kirjaksi, mistä seurasi, että Raamatun sisältö ja luonnontutkimus eivät saaneet tuottaa ristiriitaisia tuloksia, kytki tieteen käsitykset uskontoon. Kun Raamatun sanaa pidettiin ehdottoman totena, niin harmiahan siitä seurasi.

Nimiäiset

Maija Kallinen on kirjoittanut kirjan Change and Stability: Natural Philosophy at the Academy of Turku 1640 – 1713, jossa hän kertoo tuon ajan tieteen harjoittamisesta Suomessa. Hän kertoo siinä, miten Raamattua käytettiin myös luonnontieteen oppikirjana. Jos Raamattu sanoi jotain vaikkapa fysiikasta, se piti ottaa todesta. Niinpä akatemian opinnäytteissä pohdittiin luomiskertomuksessa mainittujen taivaallisten vesien olemassaoloa ja monia muita Pyhän kirjan jakeitten kerronnan epäselväksi jättämiä kohtia.

Luomiskertomus julistaa, että "Ja Herra Jumala muovasi maasta kaikki villieläimet ja kaikki taivaan linnut ja vei ne ihmisen luo nähdäkseen, minkä nimen hän kullekin antaisi. Ja jokainen elävä olento sai sen nimen, jolla ihminen sitä kutsui. Näin ihminen antoi nimet kaikille karjaeläimille, kaikille linnuille ja kaikille villieläimille." Nähdäkseen-sana herätti epäilystä, ikään kuin Jumala olisi antanut nimet etukäteen ja vain huvikseen tarkasti, oliko onnistunut Aatamin luodessaan ne tämän aivoihin ympätä. Raamattu kertoo, ettei Paratiisi sijainnut meren rannalla. Tutkijoita askarrutti, miten Aatami pystyi nimeämään valaat ja muut merenelävät. Selitys oli helppo: "Eedenistä sai alkunsa joki, joka kasteli puutarhan ja joka sieltä lähtiessään jakautui neljäksi haaraksi." Mikäs vaiva se nyt oli Jumalalle ajaa isot meren elukat jokea pitkin Aatamin pitämiin nimiäisiin. Pohtijaa olisi toisaalta voinut syyttää Jumalan kaikkivoipuuden epäilemisestä, sillä mikä vaiva se olisi Luojalle ollut lennättää elukat ilman halki Aatamin eteen. Mutta koska kyseessä oli luonnonfilosofinen aihe, jotain rajaa piti pitää.

Maailma puolestaan luotiin niin, että sen valmistuessa vallitsi syksy. Puut näet kantoivat heti luomisen jälkeen hedelmiä, jotka ovat syksyn tuotteita. Sateenkaari oli merkki Jumalan ja ihmisten liitosta vedenpaisumuksen jälkeen, joten sen näkyminen ennen Nooan arkkia aiheutti epäilyä. Pääteltiin, että luonnonilmiö itse oli luotu jo alussa, mutta se vain ei ilmestynyt ennen vedenpaisumusta. Tiedettiin, että myös miehillä oli täysi sarja kylkiluita, eikä Raamatussa kerrota, keltä Aatami Eevan tekaisuun käytetyn tilalle uuden sai. Epäiltiin vahvasti Luojan työksi. Pientä kriittisyyttäkin harrastettiin. Oppineet tiesivät, että miehen oli vaikea mahtua valaan suusta sen vatsaan, joten Joonaan nielaisseen kalan pääteltiin olevan joku muu kuin valas.

Raamattu ja tähtitiede

Turun yliopistossa tunnettiin Kopernikuksen aurinkokeskinen systeemi, mutta Raamatun sana kannatti maakeskistä universumia. Kopernikus oli siis väärässä. Edistystä näkyi siinä, että Ptolemaioksen järjestelmän sijaan suosittiin Tyko Brahea.

Flachseniuksen kirjoitus kertoo totuuden kriteereistä: "Pyhän kirjan kohdat, jotka vahvistavat teesin, joka asettaa levon Maalle ja liikkeen Auringolle, ovat meille selviä. Pyhän hengen, koko luonnon luojan, todistus on niin erinomainen, että se ylittää tuhansia kertoja ihmisen mielen kaiken varmuuden." Tällaisia vastaan sanomattomia väitteitä ei käynyt kumoaminen. Kun Kopernikuksen malli asetti Maalle kolmekin erilaista liikettä, sen puolustaminen kävi todellisesta työstä. Tarvittiin Descartesin tasoinen sananselittäjä, jotta pystyi sekä väittämään, että Maa on levossa ja silti kiertää Aurinkoa.

Turussa Simon Kexlerus puolusti Maan pyörimistä akselinsa ympäri ensimmäisenä koko Ruotsin alueella. Hän laati 1600-luvun puolivälissä Astronomia-nimisen ruotsinkielisen selvityksen tuon ajan tähtitieteestä. Kexlerus piti ajatusta, että Maa tekisi vuotuista liikettä Auringon ympäri absurdina ja pyhien kirjoitusten vastaisena. Akselin ympäri pyöriminen on hyväksyttävissä, koska Maa silti on kiertoliikkeitten keskus. Vaikka Maa pyörisi, se on sentään paikassa, johon Luoja sen asetti. Hienoista tulkinnan makua tässäkin.

Petrus Laurbecchius puolusti 1660-luvulla Raamatun kirjaimellista lukemista myös tähtitieteessä. Hän esitti sivukaupalla Pyhän kirjan kohtia, joissa maan liikkumattomuus tulee esille. Hänen mielestään kopernikaaninen tai kartesiaaninen systeemi asetti Raamatun luotettavuuden epäilyksenalaiseksi. Hän ei hyväksynyt ajatusta, jonka mukaan sen tekstit olivat sopusoinnussa ihmisen ymmärryksen kanssa, mutta eivät antaneet oikeaa kuvaa siitä, mikä todellisuus oli. Yksinkertaisuuteen ei myöskään saanut vedota, sillä Jumala ei ollut luonut asioita sen perusteella, että ne olisivat helppoja ihmisen ymmärtää.

Descartes loi oman kosmologiansa, jota kutsutaan pyörreteoriaksi. Hän selittää siinä, miten Maa kiertää liikkumattoman Auringon ympäri, mutta on silti liikkumaton. Tämä kosmologia on hyvä esimerkki siitä, miten käy, kun yrittää pitää kiinni sekä todellisuudesta että Raamatun sanasta. Descartes ilmaisee kantansa selkeästi sanomalla, että ilmiöt eivät tue Ptolemaioksen hypoteesia. Hän asettuu Kopernikuksen systeemin puolelle myös Brahea vastaan sanomalla, että "nimellisesti Tyko osoittaa Maalle vähemmän liikettä kuin Kopernikus, mutta tosiasiallisesti enemmän" ja jatkaa: "Minä kiellän Maan liikkeen täsmällisemmin kuin Kopernikus ja todemmin kuin Tyko." Lopuksi hän esittää turvalauseen, jossa hän pyytää pitämään esitystään hypoteesina, ei totuutena. Väitteestä, että Maa ei liiku vaikka Aurinkoa kiertääkin, filosofi selviää toteamalla, että taivaat ovat virtailevaa ainetta. Maa ei liiku, koska se ei siirry sitä välittömästi koskettavien taivaan osien suhteen. Tämä ansaitsee melkein maineen kaikkien selitysten äitinä, mutta valitettavasti aikalaiset huomasivat, että hypoteesi oli silti kopernikaaninen ja Raamatun vastainen.

Descartes esitti kirjoissaan käsityksiään muistakin tieteistä kuin fysiikasta ja tähtitieteestä. Uppsalassa häntä suosittiin varsinkin lääketieteellisessä tiedekunnassa niin, että teologit eräässä vaiheessa vaativat fysiikan opetuksen siirtämistä takaisin filosofiseen tiedekuntaan, joka pystyttiin helpommin pitämään kurissa. Ruotsissa papisto vaati 1680-luvulla valtiopäivillä kartesiolaisuuden opettamisen täydellistä kieltämistä ja jopa matkustuskieltoa Euroopan sitä suosiviin yliopistoihin. Turussa papisto pystyi paremmin pitämään luonnonfilosofit kurissa, vaikka sielläkin Descartes sai lopulta jonkin verran kannatusta.

Turun yliopisto keskeytti toimintansa Ison Vihan ajaksi ja aloitti uudelleen rauhan sopimisen jälkeen v. 1721 jälkeen. Descartesin ja Newtonin ajatukset raivasivat hiljalleen tiensä professoreittenkin sydämiin, mutta teologia jäi edelleen yliopistojen valtiaaksi.

Luku 14 Mekanistista filosofiaa

Yksi modernin tieteen aikaansaaneista tekijöistä oli mekanistisen filosofian nousu. Siinä palattiin antiikin aikaan, Demokritoksen ja Epikuroksen filosofiaan. Sen mukaan todellisuuden ilmiöt johtuvat liikkuvien kappaleitten tai hiukkasten välisistä suhteista. Kehittyvä tiede lisäsi siihen omat piirteensä, jonka mukaan tätä suhdetta voitiin tulkita statiikan ja dynamiikan liikelakien avulla. Kehitys alkoi 1600-luvulla ja 1700-luvun lopulla aristotelinen luonnonfilosofia oli tieteessä lähes hylätty. Luontoa ei enää tutkittu elävänä organismina, joten kaikki viittaukset vitaalisiin voimiin ja finaalisiin syihin suljettiin selitysten ulkopuolelle. Jumalan ajateltiin asettaneet nämä finaaliset syyt, mutta ilmiön varsinaisessa selittämisessä niitä ei tarvittu.

Mekanistisen filosofian ateismiin johtavasta fysiikasta

Epikuroksen filosofiassa ainetta pidettiin sisäisesti itsekseen liikkuvana. Kaikki tapahtumat universumin syntyä ja hajoamista myöten selitettiin atomien satunnaisen törmäilyjen väistämättöminä seurauksina. Epikuros uskoi jumaliin, mutta ei siihen, että nämä vaikuttaisivat mitenkään maailman tapahtumiin. Gassendi, joka yritti sovittaa epikurolaisuutta kristittyjen hyväksyttävissä olevaan muotoon, hylkäsi itsestään omitun itseliikkuvuuden ja selitti, että aine oli saanut liikkumisen kyvyn Luojalta luomisessa. Tätä kautta jopa todistettiin, että Jumala on olemassa. Logiikka meni näin: aine on sisäisesti passiivista, painovoima osoittaa, että se pystyy liikkumaan, joten mikäs muu kuin Jumala...

Filosofi Descartes oli tärkeimpiä mekanistisen käsityksen julistajia. Hän esitti oman käsityksensä kaiken finaalisesta syystä seuraavasti: "Koska yksin Jumala on todellinen syy kaikkeen, mikä on tai voi olla olemassa, on ilmeistä, että seuraamme parasta filosofoimisen tapaa, jos pyrimme johtamaan Jumalan luomien asioiden selityksen häntä itseään koskevista tiedoista."

Näistä sanoista huolimatta Descartesia pidettiin ateismin airueena. Hänet tuomittiin sekä protestanttien että katolisten taholta uskonnollisin perustein. Descartes piti ainetta täysin passiivisena ja Jumalaa muuttumattomana. Hän selitti, että kun Luoja oli luomisessa asettanut aineen liikkumaan luonnonlakien mukaan, liikkeen kokonaismäärän täytyi säilyä vakiona, koska määrän muuttuminen olisi tiennyt Jumalan muuttumista. Niinpä Jumala huolehti koko ajan siitä, että aine totteli luonnonlakeja ja liikkeen määrä pysyi vakiona. Englantilaisilla oli mielestään paljon parempi käsitys asiasta. He totesivat, että Descartes näin laittoi Jumalan pitämään huolta, että Descartesin käsitys luonnonlaeista oli oikea.

Descartesin opeissa luuraavaa ateismia torjuakseen hänen seuraajansa Nicolas Malebranche esitti teorian, jonka mukaan kappaleilla ei ollut voimaa saada aikaan yhtään mitään ilman Jumalan suoraa puuttumista asiaan. Kivi ei pystyisi rikkomaan lasia, ellei jumala avittaisi, mistä seuraa, että jos naapurin vekara rikkoo ikkunasi, siitä pitää syyttää Jumalaa. Tuodakseni tähän tieteen sisäiseen katsontakantaani hieman yhteiskunnallista perspektiiviä, oletan Malebranchen hylkäämisen syyksi sen, että pojan isältä on mahdollista vaatia korvausta rikotusta ikkunasta mutta Jumalalta ei.

Oli miten oli, aine se vaan liikkui, olivat sen filosofiset selitykset mitä tahansa. Olisi ollut kenties parempi hylätä ne ja sopia, että kun se liikkui, niin se sitten liikkui. Se, että auttoivatko uskonnolliset käsitykset tässä fysiikkaa kehittymään, on kyseenalaista. Robert Boyle (k. 1691) oli rikas englantilainen herrasmies. Hän harrasti kemiaa (tai alkemiaa) saaden aikaan mm. meidän tuntemamme Boylen lain. Kaasujen käyttäytyminen oli hyvin selitettävissä sillä, että ne koostuivat pienistä osasista. Se sai hänet kannattamaan atomiteoriaa, mutta hän ei suostunut käyttämään atomi-nimeä, vaan puhui mieluummin korpuskeleista. Hän oli perin huolestunut mekaanisen filosofian mahdollisista jumalattomista seurauksista ja testamenttasi rahaa luentoihin, joissa luonnonfilosofien oli määrä puhua ateismia vastaan.

Boyle sanoutui irti siitä atomistien käsityksestä, että tyhjössä liikkuvat atomit voisivat itsestään synnyttää maailman ilmiöt. Hän teki eron asioitten alkuperän ja luonnon myöhempien vaiheitten kesken. Jumala on ensin rakentanut maailmankaikkeuden, määrännyt sen partikkeleitten liikkumisen säännöt, minkä jälkeen voidaan sanoa, että ilmiöitten fyysisinä syinä ovat korpuskeleitten väliset vuorovaikutukset. Boyle osoitti uskonnollisen hurskautensa puhumalla jumalattomasta röyhkeydestä, joita mekanistisen filosofian ateistiset ja materialistiset suuntaukset osoittivat.

Näin mekanistisen filosofian luojista Hobbes, Descartes ja jopa kirkonmies Gassendi saivat huonon maineen fysiikkaa koskevien mielipiteittensä takia. Ilkiöitten joukkoon liitettiin juutalainen filosofi Spinoza, eri syistä toki. Leibniz kävi sekä Descartesin että Newtonin käsitysten kimppuun. Descartes sanoi Filosofian periaatteet - kirjassaan: "aine ottaa etenevässä järjestyksessä kaikki muodot, joihin se kykenee...jos pohdimme näitä muotoja järjestyksessä, voimme viimein päätyä siihen, mikä on tämän maailman muoto". Tämä on selkeää ateismin julistusta, minkä Leibniz välittömästi huomasi. Hän totesi, että jos aine käy läpi kaikki mahdolliset muodot, silloin tuhotaan Jumalan viisaus ja oikeamielisyys. Jumala käy läpi kaikki mahdolliset yhdistelmät seuraten väistämätöntä kohtalonomaista järjestystä. Siihen riittää aineen välttämättömyys. Descartesin jumala ei ole mitään muuta kuin tämä välttämättömyys.

Mekanistisen filosofian uskonnolliset viat

Descartes painotti, että kaikkea pitää ensin epäillä ja sitä kautta selvittää asiat, joita voi pitää täysin varmoina. Hän päätteli sitten, että Jumalan olemassaolo on varmempaa kuin aineen olemassaolo. Tieto muista asioista riippuu Jumalaa koskevasta tiedosta ja tästä on edettävä tietoon luoduista muistaen Hänen olevan ääretön ja meidän äärellisiä. Epäilyn menetelmästä ei näy jälkeäkään, kun hän julisti että "on uskottava kaikki Jumalan ilmoittama, vaikka se ylittäisikin käsityskykymme." Teologit ovat vakaasti epäilemistä vastaan. He oivalsivat, että ennen pitkää myös uskon dogmit epäillään eivätkä väärässä olleetkaan. Atomioppi oli muutenkin vaikea nieltävä. Aristoteleen ajattelukoneiston avulla pystyttiin selittämään se, että ehtoollisessa leipä ja viini näyttivät ja maistuivat leivältä ja viiniltä, mutta olivat silti Kristuksen ruumis ja veri. Atomistien mukaan aine oli eri korpuskeleitten muodostama konfiguraatio. Jos se muuttui toiseksi aineeksi, myös korpuskeleitten täytyi korvautua toisilla, jolloin uusi konfiguraatio myös näytti uudelta. Descartes selitti ensin, että jospa pinta pysyi samana, vaikka sisäosat muuttuivat, yritti sitten vanhan aristotelisen ja uuden atomistisen yhdistelmää ja palasi lopulta perinteiseen selitykseen. Ei auttanut, sillä lopulta hänen kirjansa joutuivat katolisen kirkon kiellettyjen kirjojen luetteloon. Protestanttisissa liikkeissä oli ainakin kolme tapaa käsittää Kristuksen rooli ehtoollisessa. Zwingli totesi järkeen käyvästi, että Kristus oli noussut taivaaseen ja siellä pysyi, joten läsnäolo ehtoollisessa oli symbolista. Luther kannatti oppia, että Kristus oli läsnä kaikkialla (ubikviteettioppi). Leipä ja viini eivät ehtoollisessa mitään muutosta kokeneet, mutta Kristus oli niissä henkisesti, sanansa kautta. Calvinilla oli vielä kolmas versio, herra ties mikä. Suomen ja Ruotsin tiukan luterilaisissa yliopistoissa epäiltiin, että kartesiolaisuus jotenkin oli Calvinin puolella Lutheria vastaan.

Descartes muistetaan nykyisin sielun ja kehon täydellisestä erottamisesta. Aivoja ja tietoisuutta tutkivat tiedemiehet mainitsevat väistämättä kirjoissaan tämän Descartesin erehdyksen, joten hänellä on kunnia olla filosofi, joka muistetaan ikuisesti virheistään.

Sielun ja kehon täydellinen erottaminen ei saanut suosiota hänen omana aikanaankaan. Aineettoman sielun vaikutus aineelliseen kehoon on vaikea selittää minkä fysiikan systeemin kautta tahansa. Jos ajattelee, että sielun olemassaolo on jotenkin riippuvainen aineesta, että se on aivojen aineellisten prosessien tuotos, koko problema häviää saman tien. Tuona aikana moinen oli mahdoton ajatus eikä sitä sulateta kovin laajasti nykyisinkään.

Aristoteleen perintönä sielu jaettiin rationaaliseen osan, kasvisieluun ja eläinsieluun. Rationaalinen osa oli aineeton, muut koostuivat joistain tavallista hienompaa ainetta olevista korpuskeleista, joitten liikkeitä mekanistinen filosofia yritti selittää. Luulisi, että Descartesin erillisen aineettoman sielun kuolemattomuus oli ainakin helpompi uskoa kuin Aristoteleen muoto-opin kautta. Aristoteles itse ei ollut pitänyt sielua kuolemattomana, mutta kristityt tietysti muuttivat tämänkin opin tarkoituksiinsa sopivaksi.

Vanhan käsityksen mukaan maailma oli tarkoituksellisesti organisoitu ja elollinen, uusi mekaaninen, elottomien hiukkasten liikkeitten ja törmäysten tuote. Aristotelinen metafysiikka sijoitti tarkoitukset luonnon sisäisiksi, uusi katsoi luojan asettaneen sen siihen ulkopäin. Epikurolainen linja kristillistettiin, koska yhteiskunta oli läpikotaisin kristillinen. Tiedemiesten aivoissa pyöri loputon aliohjelma, joka pakotti etsimään luonnon ilmiöille tarkoituksia ja ylimääräisiä syitä Luojan halujen ja tekojen muodossa. Tässä he eivät tietenkään olleet samaa mieltä. Voluntaristit painottivat, että Jumalan kaikkivoipuus on ehdotonta. Kaikki, mitä Jumala tekee, on hyvää. Tätä nihilistisempää käsitystä moraalista on vaikea keksiä. Maailma ei ole rationaalinen siinä mielessä, että ihminen sitä voisi ymmärtää. Tämä sitten usutti tiedemiehet empiriaa harrastamaan. Intellektualistit ajattelivat, että Jumala ihan välttämättä tahtoo vain sitä, mikä on hyvää. (Hyvä on siis olemassa Jumalasta riippumattomasti?) Samoin maailmasta on mahdollista saada tietoa pelkästään ajattelemalla. Descartesia voi pitää intellektualistina. Englantilaiset luonnonfilosofit jostain syystä olivat taipuvaisia voluntarismiin. Molempia katsomuksia edustavat tekivät kokeita ja tutkailivat tuloksiaan rationaalisesti.

Tuskin lienee mitään syytä painottaa tieteen kehityksen kannalta moisia eroja. Se, miten luonnonfilosofit jälkeenpäin tekosiaan selittelivät, on eri asia kuin se, mikä heidät sai ne tekemään.

Fysiikan kirjoihin oli tuohon aikaan pakko ympätä hurskasta puhetta ihan muodon vuoksi. Galilei, joka oli käytännön mies, nuoli ruhtinaita rahaa saadakseen ylistyspuheilla, jotka imelyydessään ovat nykyajan silmissä käsittämättömiä. Jumalapuheilla oli sama vaikutus tai tarkoitus. Ne heijastuivat taivaasta takaisin maallisiin valtaa pitäviin herroihin ja ehkä vähän kirjoja ostavaan kansaankin.

Luku 15 Teologia turmion tiellä

Luther yritti karkottaa aristotelisen tieteen teologiasta, mutta viesti ei yltänyt yliopistoihin saakka. Teologia jatkoi edelleen luonnonfilosofista taivallustaan. Teologi harjoittaa luonnontiedettä tietämättään, jos uskoo Jumalan olevan olemassa. Modernin tieteen katsotaan syntyneen lopullisesti, kun Isaac Newton v. 1687 julkaisi kirjansa Philosophiae Naturalis Principia Mathematica (Luonnonfilosofian matemaattiset periaatteet), jossa hän esitti liikettä koskevat kolme lakiaan ja todisti Keplerin planeettaliikkeen lait matemaattisesti painovoiman käsitteen avulla. Tieteen matematisointi oli yksi syntyprosessin oleellisista tekijöistä. Newton käytti kirjassaan vanhaa tapaa esittää asiat geometrian avulla, vaikka on Leibnizin ohella toinen differentiaali- ja integraalilaskennan keksijöistä. Kun seuraajat hylkäsivät geometrian ja siirtyivät käyttämään tätä uutta tapaa laskea, saatiin aikaan seuraavan kahden sadan vuoden fysiikan ydin. Newtonin saavutus oli niin mykistävä, että jonkin aikaa uskottiin, että lähes kaikki oleellinen fysiikan sisältö oli saatu.

Newton tuli tunnetuksi puhtaan tiedemiehen perikuvana, joka ei filosofoinut vaan matematisoi. Myöhemmin kävi ilmi, että hän kirjoitti runsaat määrät tekstejä alkemiasta, magiasta, astrologiasta ja uskonnosta. Hän oli yhtä paljon Kepleriä pahempi tuossa suhteessa kuin hän oli tätä parempi fysiikassa.

Newtonin kuoleman jälkeen hänen uskonnolliset tekstinsä eivät kelvanneet Royal Society- seuralle. Tekstit annettiin perillisille takaisin ja näitä kehotettiin pitämään ne visusti piilossa. Modernin tieteen keulakuvan tieteellinen maine olisi muuten kärsinyt pahan kolauksen. Newton osoittautui kaiken lisäksi harhaoppiseksi areiolaiseksi, koska ei uskonut Jeesuksen jumaluuteen.

Newton kävi käsiksi kolminaisuusoppiin ja totesi sen älyttömäksi rationaalisen tiedemiehen tyyliin. Hän ryhtyi kirjoittamaan omaa tutkielmaa uskonnosta, jossa hän esitti Nooan perustaneen alku-uskonnon. Se oli myöhemmin turmeltu kaiken maailman ihmeillä ja yliluonnollisilla ilmestyksillä. Hän erehtyi perustelemaan fysiikkaansa myös julkisesti Jumalaan vedoten ja edisti uskonnon luonnontieteellisyyden turmion tietä, jonka Luther oli pannut alulle.

Painovoima vaikuttaa matkan päästä ilman kosketusta kappaleeseen. Newton eikä kukaan muukaan pystynyt selittämään sitä. Inertia puolestaan oli aineen passiivisuuden vastaansanomaton todiste. Jos kaksi kappaletta törmää toisiinsa, ne joko pysähtyvät tai jatkavat liikkeitä, jotka ovat heikompia kuin alkuperäiset. Newtonin mielestä maailmaan painovoiman tai inertian vaikutuksesta ei olisi koskaan syntynyt mitään liikettä, eikä liike voisi jatkua, ellei niitten lisäksi olisi liikkeen alulle panevaa voimaa ja sen säilyttävää voimaa. Nämä muut voimat olivat Jumala, joka näin on osa Newtonin fysiikkaa.

Jumala oli Newtonin mielestä ensin asettanut planeetat paikalleen, minkä jälkeen hänen säätämänsä luonnonlait pitivät ne liikkeessä. Tämä vaati Jumalan taholta silloin tällöin pientä säätävää sysimistä.

Leibniz ei hyväksynyt painovoimaa, koska piti sitä palaamisena aristoteliseen tapaan selittää asioita. Hän irvisteli Newtonin Jumalaa huonoksi kellosepäksi, jonka rakentama kello raksutti jonkin aikaa mutta ei ikuisesti ilman taivaallisen mestarin silloin tällöin tapahtuvaa rukkausta.

Leibnizin epäluulon painovoimaa kohtaan voi katsoa näin jälkikäteen aiheelliseksi, sillä Einsteinin suhteellisuusteoriassa sitä ei ole. Toisaalta kvanttifysiikka ja suhteellisuusteoria eivät ole onnistuneet luomaan molempiin kelpaavaa painovoiman teoriaa, joten asia on siis ratkaisematta. Newtonin fysiikka on edelleen hyödyllinen laskennallinen malli, joka tuottaa oikeita tuloksia samalla tavalla kuin aikoinaan Ptolemaioksen tähtitiede. Suhteellisuusteoriaa tarvitaan sitten, kun nopeudet ovat tavattoman suuria.

Newton perusteli Jumalan olemassaoloa luonnontieteellisin keinoin materian passiivisuuden avulla. Hän piti planeettojen liikkeitä myös osoituksena Jumalasta Platonin tavoin. Monet englantilaiset fyysikot ajattelivat samalla tavalla, että materia oli passiivista, mutta jumala oli asettanut siihen liikkeen luomisessa. Kun Descartes esitti, että Jumala oli asettanut luontoon tietyn vakiona pysyvän määrän liikettä, joka säilyi, hän esitti siis uskonnon (lue Newtonin) vastaisen näkemyksen ja oli englantilaisten mielestä perin jumalaton.

Newtonin aikalaiset tajusivat, että universumin pitämisestä kellonko-neiston tapaisena, kerran käyntiin vedettynä systeeminä, saisi pienin muutoksin ateistisen näkemyksen, jossa Jumalaa ei tarvita. Jos ensin ajatteli vastoin Newtonia, että kellonkoneisto kävi ikuisesti ja oletti vielä, että universumikin oli ikuinen, pääsi eroon luomisesta. Kristityt tiede-miehet pelkäsivät päästäneensä paholaisen irti ja ryhtyivät vastatoimiin. Syntyi luonnonteologian nimellä tunnettu liike.

Luonnonteologian kannattajat uskoivat, että ilmoituksen tapaisia epä-tieteellisiä keinoja ei tarvita uskonnon perusteluiksi. George Cheney va-kuutti kirjassaan Luonnollisen uskonnon filosofiset periaatteet (1705), että kaikki luonnossa edellyttää suunnittelua ja kekseliäisyyttä, ja on selvä todiste luomisesta. Ihmiselle, joka ymmärtää Newtonin keksimät fysiikan lait ja joka on punninnut todisteet ja vakaasti harkinnut asiaa, näkee Jumalan olemassaolon varmana. Se on yhtä ilmeistä luonnonfilo-sofille kuin euklidiset teoreemat ovat geometrian opiskelijalle.

Tämä tapa perustella Jumalan olemassaoloa on ikivanhaa perua. Roo-malainen runoilija Lucretius kirjoitti 100-luvulla eaa runoelman De re-rum natura, josta käytetään suomalaista nimeä Maailmankaikkeudesta. Se kertoo Epikuroksen (k. 271 eaa) käsityksistä selittäen jumalien oh-jauksesta vapaan luonnon kulkua. Runoilija haluaa kumota käsityksen, jonka mukaan taivaankappaleet ovat maailman tapahtumia ohjaavia ju-maluuksia. Tarkoitus oli siis mitä kunnioitettavin, mutta valitettavasti ru-noilijan matemaattiset kyvyt eivät riittäneet astronomiaa ymmärtämään. Hän hylkäsi geometriset selitykset ja esitti liikkeille eri syitä, turvautuen jopa meteorologiaan ja tuuliin. Voimme hyvällä syyllä uskoa, että epiku-rolaisten atomioppikin hylättiin aikalaisten huomatessa heidän kosmo-logiansa kelvottomaksi. Toisaalta moderni tiede syntyi, kun keskiajan tie-demiehet alkoivat ottaa atomit tosissaan tutustuttuaan mm. Lucretiuk-sen runoelmaan. Jos antiikin tiedemiehet eivät olisi hylänneet epikuro-laista tapaa käsittää luonto, olisi uusi tiede kenties syntynyt jo silloin. Voimme syyttää siitä uskontoa. Jos ei kristinuskoa, niin jotain sen edel-täjää sitten.

Luonnonteologian tieteelliset perustelut Jumalan, taivaallisen suunnit-telijan, olemassaololle, menevät edelleen tyyliin "on mahdotonta uskoa, että se ja se on voinut syntyä ilman älykästä suunnittelijaa..." pätee sii-hen saakka (itse asiassa ei koskaan, mutta voi sitä heikkona perusteena pitää), kun ilmiö selitetään ilman älykästä suunnittelijaa. Kristityt tiedemiehet päästivät fysiikan opeillaan pirun irti. Järkeä saa uskonnon asioissa soveltaa, mutta sillä ei saa uskon perusoppeja sorkkia. Se vie suoraan turmioon. Toinen merkkipaalu turmion tiellä oli deismin syntyminen. Nykyaikana deismi on siinä mielessä puolet uskonnosta, että siinä ajatellaan Jumalan luoneen maailman, mutta jättäneen sen sitten omilleen. 1700-luvulla sen perustajat hylkäsivät luonnonteologian tavoin kaikki ilmoitukseen perustuvat uskon elementit, dogmit ja kaikki kertomukset ihmeistä, profetioista ja mysteereistä. He uskoivat toki, että Jumala on olemassa, on luonut ja hallitsee maailmaa.

Deistit uskoivat myös, että Jumala antoi ihmisille järjen kyvyt. Kun tähän liitetään ajatus, että Jumalan on samalla täytynyt antaa kyvyn ymmärtää Itseään järjellisin perustein, deismin turmiollisuus tulee ilmeiseksi. John Toland kirjoitti kirjan Kristinusko ilman mysteeriä (1696), jossa hän väitti, että mysteeri johtaa pelkkään tyranniaan ja taikauskoon. Oli loukkaavaa kuvitella, että Jumala ei kyennyt ilmaisemaan itseään selvästi. Matthew Tindal kirjassaan Kristinusko yhtä vanha kuin luomakuntakin (1730) yritti hahmotella alkuperäistä uskontoa ja puhdistaa sen myöhemmästä kuonasta. Hän väitti, että "luonnollinen ja rationaalinen usko on ollut kaiverrettuna sydämiimme luomisesta asti", mikä oli kristinuskon luonnontieteen asemalle kaikkien vahingollisten lausahdusten äiti.

Järki päästettiin rationaalisuuden nimissä suoraan uskon ytimeen, ilmoituksen kimppuun, mikä tiesi kuoliniskua sydämeen. Tätä prosessia voi pitää osittain tieteellisen ajattelutavan leviämisen syynä. Raamattu oli luettu iät ajat allegorisesti ja myyttisesti, mutta tieteen käyttämä tapa edellytti suoraa tulkintaa. Kristinuskoon kuului ajatus, että Jumala oli ilmoittanut itsensä historiallisena tapahtumana Kristuksen hahmossa. Tutkijat keksivät, että kas, sitähän voisi tutkia kuten muutakin historiaa. Ilmestyi kirkkojen historiaa käsitteleviä teoksia, joissa todettiin, että kolminaisuusopin ja inkarnaation tapaiset opit olivat satoja vuosia kestäneitten oppiriitojen tulos, joille oli vaikea löytää perusteita Raamatusta. Reimarus kirjoitti Jeesuksen elämäkerran, jossa totesi, että evankeliumeissa tämä ei missään väittänyt tulleensa sovittamaan ihmiskunnan syntejä. Oppi oli Paavalin luomus. Jeesus ei siis ollutkaan Jumala. Kaikkeen se rationaalisuus johtaa.

Pascal oli 1600-luvulla todennut, että Jumalan olemassaolon tai olemattomuuden todistaminen oli mahdotonta. Kant teki selvää Jumalan olemassaolon loogisista perusteluista 1700-luvun lopulla. Hän piti Jumalaa hyödyllisenä oliona, mutta ei juuri muuna. Kun kaikki mahdollisuudet todistaa loogisesti tai tieteellisesti Jumalan olemassaolo oli todettu olemattomiksi, ihmisiä kehotettiin hylkäämään uskon todistukset ja auktoriteetit ja etsimään Jumalaa, joka on meidän kaikkien sydämissä. Voimme siis todeta, että tuossa vaiheessa kristinuskon luonnontieteen asemasta olivat jäljellä pelkät rippeet. Jotta teologia olisi luonnontiede, sen aksioomille pitäisi löytyä tieteellisiä perusteita. Joten meillä on jäljellä enää, että se on luonnontiede niille, jotka uskovat Jumalan olemassaoloon, mutta ei muille. Heidän on pakko pitää sitä luonnontieteenä, jotta voisivat uskoa Jumalaan. Siis vaikka eivät tietäisi sitä.

Luku 16 Uskonnottomuus keksitään uudelleen

Keskiajalla uskonto oli niin oleellinen osa elämää, että ateismi siinä mielessä, mitä se nykyään tarkoittaa, oli mahdotonta (ainakin jos halusi säilyttää henkiriepunsa). Ateistiksi syyttäminen oli yleisestä, mutta sillä haluttiin vain halventaa ihmisiä, joista ei jostain syystä pidetty. Runoilija Vaughan (k. 1641) julisti, että kaikki, jotka perivät vuokria, olivat ateisteja. Eräs toinen kirjailija katsoi sen sopivan ihmisiin, jotka olivat kunnianhimoisia tai suursyömäreitä tai omahyväisiä tai prostituoituja. Moraali on kytketty uskontoon ikään kuin sitä ei olisi ilman sitä, joten uskonnottomaksi syyttäminen on samalla pahaksi leimaamista. Tällä asenteella lienee pitkät perinteet. Platonia ei pidetä uskonnollisena miehenä, mutta Lait - kirjassaan hän sälytti jumalattomien niskaan raskaita rangaistuksia. Kyseessä voi olla tyypillinen ylevän aristokraatin näkemys, jonka mukaan rahvaan kurissa pitäminen vaatii uskontoa.

Platon lajitteli jumalattomiin tekoihin syyllistyneet kolmeen ryhmään: (1) Ne, jotka eivät pidä jumalia todellisina. (2) Ne, jotka pitävät jumalia todellisina, mutta luulevat, että jumalat eivät välitä ihmisistä. (3) Ne, jotka kuvittelevat, että jumaliin voidaan helposti vaikuttaa uhreilla ja rukouksilla. Ryhmässä (1) Platon erottaa kahdenlaisia jumalankieltäjiä: ensiksi ne, jotka ehdottomasti eivät pidä jumalia todellisina, mutta ovat luonteeltaan oikeamielisiä ja sitten ne, jotka ovat voimattomia nautintojen ja tuskien edessä, mutta joilla on hyvä muisti ja terävä äly. Ensiksi mainitut piti laitettaman vähintään viideksi vuodeksi laitokseen, jossa nämä yritettäisiin käännyttää. Jos se ei onnistuisi, heidät pitäisi tuomita kuolemaan. Jälkimmäiset, jotka ovelasti ja ihmisiä halveksien kietoivat pauloihinsa eläviä sieluja, oli eliniäkseen teljettävä maaseudulle vankilaan. Platonin mielestä selkeät ateistit olivat joko oikeamielisiä tai terävä-älyisiä. Terävä-älyiset moraalittomat olivat syyntakeettomia, joten he eivät ansaitse kuolemanrangaistusta. Tai sitten Platon ajatteli, että elämä maaseudulla on kuolemaakin pahempaa.

Uskovan mielestä ateismin rikollisuus johtuu siitä, että ateisti kieltää Jumalan, joka on olemassa. Ateisti itse ajattelee, että hän vain kieltää teistien väitteet jumalien olemassaolosta. Koska hän ei usko Jumalaan, teistin tulisi ainakin pitää häntä syyntakeettomana. Ateismia ei sinänsä tarvitse pitää isminä, aatteena. Ilman oletusta jumalista ismin sisältö olisi täysin tyhjä.

Uskonnottomuuden ylösnousemus

Uskonnottomuus on ihmisen luonnollinen olotila. Varhaiset esi-isämme olivat uskonnottomia, vaikka eivät tienneet sitä. Uskonnot syntyivät kulttuurin tuotteina, samoin kuin 1700 - luvulla uudelleen keksitty uskonnottomuus. Sen mahdollistui, kun tieteen kehitys loi riittävän kattavat luontoa koskevat teoriat, joiden varaan pystyttiin rakentamaan ensimmäiset tieteelliset maailmankatsomukset. Niinpä sen synnystä on kiittäminen (tai syyttäminen) myös Descartesin ja Newtonin kaltaisia miehiä, jotka olivat itse vakaumuksellisia teistejä. Heidän toimestaan syntyi fysiikka, jossa luovuttiin Jumalaan perustuvista selityksistä. He itse perustelivat aatteitaan Jumalalla, mutta seuraajat käsittivät ne ajan mittaan ylimääräisiksi lisiksi, jotka eivät selittäneet yhtään mitään.

Armas Salosen mukaan ensimmäiset kirjoitetut todisteet uskonnottomista aatteista löytävät Kaksoisvirran maasta, nykyisen Irakin alueelta löydetyistä nuolenpääkirjoituksista 4500 vuoden takaa. Intialla on 3000 vuoden ikäistä jumalatonta maailmanmenoa puolustelevaa kirjallisuutta. Kun Armstrong sanoo, että ranskalainen maalaispappi Jean Meslier (k. 1729) on ensimmäisiä, joita historia pitää selvinä ateisteina, on asia käsitettävä tätä taustaa vasten.

Holbachin paroni Paul Heinrich julkaisi v. 1770 kirjan Luonnon järjestelmä eli moraalin ja fyysisen maailman lait, jossa luonnolle ei enää tarjottu yliluonnollista vaihtoehtoa. Kirjasta muodostui pitkäksi aikaa materialismia kannattavien suosikkikirja, joka tarjosi tieteellisen vaihtoehdon uskonnolle. Siinä mielessä tiede teki myös uskonnottomuuden kelvolliseksi vaihtoehdoksi. Maailma voitiin selittää ilman Jumalaa, joten Hänet voitiin jättää kokonaan pois, ilman mitään kieltämisen tarvetta.

Absoluuttinen tietämättömyys luo elämää

Fysiikka on fysiikkaa eikä yritä selittää elämän syntyä. Teologit pystyivät edelleen vetoamaan siihen, että tiede ei tarjoa mitään selitystä ihmisen alkuperälle tai moraalin synnylle. Ajattelevan olennon syntyminen mekaanisten fysiikan lakien pohjalta oli täysin mahdoton ajatus vielä esimerkiksi filosofi John Lockelle (k. 1704). Tämä oli varma, se oli hänestä täysin selvää järjelle, että jos on jotain ikuista, se on ajatteleva olento. Hän piti täysin mahdottomana sitä, että pelkkä älytön materia voisi tuottaa ajattelevan älykkään olennon. Sen luojan täytyi olla itsekin älyllinen asia. Hän päätyi tulokseen, että mieli oli ensin ja tuotti materian ja liikkeen. Tämä mieli oli kukas muukaan kuin Jumala.

Charles Darwinin v. 1859 ilmestynyt Lajien synty -teos sinetöi uskonnottoman maailmankatsomuksen selittämällä elämän kehityksen ilman yliluonnollisia tekijöitä. Darwin ei selittänyt elämän eikä lajien syntyä, mutta näytti suunnan, mistä selitystä saattoi etsiä.

Darwinismi on vihatuin tieteen tuotos, jonka kimppuun teistit käyvät kaikkialla maailmassa. Se on korvannut astronomian aseman tieteenä, jonka käsityksiä luonnosta he eivät pysty sulattamaan.

Darwinin aikalaiset tajusivat luonnonvalinnan ohjaaman kehityksen ajatuksen iskevän suoraan uskonnollisten ideaalien kimppuun. Huomattiin, miten "Darwin näyttää ajattelevan, oudolla järkeilyn kuperkeikalla, että Absoluuttinen tietämättömyys on täysin kykenevä ottamaan Absoluuttisen viisauden paikan luovan taidon kaikissa saavutuksissa."

Kristillisen käsityksen mukaan ensin oli Jumala, rationaalinen ajatteleva olento, jotain täysin henkistä, pelkkä mieli. Hän oli suunnittelija, joka loi kaiken tyhjästä ajatuksensa voimalla. Teoria, jonka mukaan ensin oli pelkkää ainetta ja siinä jonkinasteista järjestystä, josta sitten syntyi eläviä olentoja ilman mitään suunnitelmaa tai ohjausta, oli vaikea nieltävä. Suurimmalle osalle ihmisiä se on sitä edelleen.

Uskontojen ohjaamissa kulttuureissa ihmiset näytetään saavan immuuneiksi sille niin, että evoluution selostaminen vaikuttaa yhtä tehokkaasti kuin veden kaataminen vesilinnun päälle, jotta tämä edes hieman kastuisi.

Evoluutioteorian synty on esimerkki siitä, miten uskonto jarrutti tieteen kehitystä tehokkaasti 1800- ja 1900- luvuilla. Ranskalainen 1800-luvun alkupuolella elänyt luonnonhistorian professori George Cuvier on osoitus siitä, miten uskonnollinen biologi on tieteen kannalta vielä teistifilosofiakin ikävämpi olento. Hän piti tiukasti kiinni Raamatun luomiskertomuksen totuudesta ja julisti, että fossiilista ihmistä ei ole. Tuohon aikaan tunnettiin runsaasti fossiileja, joiden joukossa oli otuksia, joiden kaltaisia ei enää elänyt. Cuvier tulkitsi asian katastrofiteoriallaan: otukset olivat kuolleet luonnonmullistuksissa ja Jumala oli luonut niiden tilalle uusia ja erilaisia eläimiä. Kun ihmisen fossiileja alettiin löytää, niitä tarkasteltiin Cuvierin ja uskonnon näkemysten pohjalta. Se sai tutkijat sepittämään selityksiä, jotka olivat havaintojen ja muiden tietojen vastaisia. Kun geologian professori pastori Buckland löysi eteläwalesilaisesta luolasta 1820-luvulla ihmisen luurangon, hän piti sitä roomalaisten ajalta peräisin olevana naisena. Luita peitti okrakerros, päätä ei ollut ja viereltä löytyi mammutin luista ja simpukoista tehtyjä koruja, mikä on varsin epäroomalaista. Yleisö tykkäsi varsinkin teoriasta, jonka mukaan luuranko oli roomalaisten sotilaiden leiriprostituoidun jäänne. Eräänlaista antropologista pornoa tuo. Myöhemmin kävi ilmi, että kyseessä oli cro-magnon-mies, joka oli haudattu 18 500 vuotta sitten.

Evoluution ajatus oli ollut pitkään itämässä, mistä todistavat Charles Darwinin isoisän Erasmus Darwinin kirjoittamat kirjat. Tämä oli lääkäri, joka fossiileja tutkiessaan tuli tulokseen että kaikella elämällä oli yhteinen alku, mikä myöhemmin oli yksi pojanpojan teorioista. Hänen ajatuksensa saatettiin naurunalaiseksi ja hänet pakotettiin pitämään ne salassa. Uskonnon vaikutusvalta oli Englannissa vielä 1700-luvun lopulla vahvempi kuin mitä se sitten 1800-luvun puolivälissä oli. Erasmus kirjoitti ajatuksistaan pitkän runoelman, joka julkaistiin hänen kuolemansa jälkeen.

Darvin tajusi hyvin, mikä olisi uskonnollisten piirien reaktio Lajien kehitys - kirjan sanomaan. Hän kuvaa suhdettaan uskontoon toteamalla, että Vanhan Testamentin esittämä maailman historia on perin pohjin väärä ja sen Jumala kostonhimoinen tyranni. Hän ihmetteli myös sitä, miten kukaan yleensä saattoi toivoa kristinuskon olevan totta. Hänen uskonnoton isänsäkin joutuisi sen mukaan kärsimään ikuista tuomiota helvetissä pelkästään uskon puutteensa vuoksi. Hän kuvaa Omaelämäkerrassaan, miten "epäusko hiipi minuun hyvin hidasta tahtia, mutta oli lopulta täydellistä." Darwinille itselleen kehitys lienee ollut henkisesti tuskallista siksi, että vaimo Emma oli harras kristitty.

Kun Darwinin omaelämäkerta hänen kuolemansa jälkeen julkaistiin, Emma halusi sieltä pois lauseen, jonka mukaan kaikki moraali oli kehittynyt evoluution myötä. Sama väite oli tosin jo julkaistu Darwinin ihmisen kehitystä käsittelevässä kirjassa, mutta Emman toivomus toteutui elämäkerran suhteen. Uskonnoilla on toisaalta käytössä vanha keinonsa: peruutetaan ja sijoitetaan Jumala tämän kehityksen taaemmalle portaalle. Vaikka evoluutio ohjaisi ihmisen kehitystä, niin Jumala puolestaan ohjaa evoluutiota. Tämä logiikka on joustavaa ja pystyy kaikkeen. Edes loogista ristiriitaa ei synny. Tosin he eivät ole toistaiseksi pystyneet selittämään, miten tämä ohjaus tapahtuu, mutta jos uskoo muutenkin luomistarun kaltaisiin selityksiin, niin tämä ei kovin suurta päänkivistystä synnyttäne.

OSA IV LUONNONTIETEEKSI LUONNONTIETEEN PAIKALLE

Luku 17 Metafysiikan varmuudesta

Kirjassaan "Usko, tiede ja evoluutio" Tapio Puolimatka esittelee mahdottoman käsitehirviön teistinen realismi. Joissain kohdissa hän parantaa sen kristilliseksi realismiksi, mikä korostaa kristinuskon ylivoimaisuutta muihin uskontoihin verrattuna tieteissä. Seuraava lainaus kertoo, mistä on kysymys:

"Koska maailmankaikkeuden luoja on kaikkitietävä ja äärettömän älykäs olento, joka on luonut universumin tyhjästä, on mielekästä etsiä maailmankaikkeudesta järjestystä. Luodessaan maailmankaikkeuden tyhjästä, ääretön persoonallinen olento on voinut täydellisesti ilmaista ajatuksensa sen rakenteessa. Tästä seuraa, että maailmankaikkeus ilmentää järjestystä ja harmoniaa, joka on tarkasti matemaattisesti ilmaistavissa. Koska ääretön Jumala on luonut maailmankaikkeuden yhtenäisen suunnitelman pohjalta, on perusteltua etsiä maailmankaikkeudelle selitysmalleja, jotka tuovat esille sen yhtenäisyyden."

Edellisen tapaisen filosofoinnin tarkoitus on esittää vaihtoehto naturalistiselle luonnontieteelle.

Teistisen realismin perustelut eivät eroa uskonnollisesta julistuksesta. Puolimatka noudattaa vanhaa mallia, jossa premissi "Jumala on olemassa" ja muut, joissa Jumalan ominaisuudet (Jumala on hyvä, kaikkitietävä, äärettömän älykäs yms) oletetaan a priori tosiksi. Vaikka niihin uskoisi, johtopäätökset ovat perusteettomia. Kaikkitietävyydestä, älykkyydestä tai tyhjästä luomisesta ei voi päätellä, että on mielekästä etsiä maailmankaikkeudesta järjestystä tai että tämä järjestys olisi matemaattisesti ilmaistavissa. Ja miten tiedetään, että maailmankaikkeus on luotu yhtenäisen suunnitelman pohjalta? Ja vaikka joku luodaan yhtenäisen suunnitelman pohjalta, seuraako siitä välttämättä, että tulos on yhtenäinen?

Argumenteissa vedotaan siihen, että luomisen ajatus on ainoa, mikä tarjoaa selityksen sille, että rationaalinen ajattelu on mahdollista. Voisi kysyä, oliko rationaalisuus jotain ennen luomista olemassa olevaa vai loiko jumala sen? Kun Hän tekaisi maailman ja ihmiselle sitä ymmärtävät aivot, niin sekö määrittää, mikä on rationaalista? Jos Jumala loi muita universumeita, niin onko niissä kenties toisenlaiset, meille käsittämättömät rationaalisuudet?

Luonnonlakien synnystä

Stanley J. Jaki on esittänyt väitteen, että nimenomaan kristillinen oppi luomisesta ja sille ominainen luonnonlain käsite tarjosi länsimaiselle kristilliselle kulttuurille älyllisen ilmapiirin, joka teki modernin luonnontieteen synnyn mahdolliseksi. Hän väittää myös tieteen maailmassa esiintyväksi paheeksi sen, että ihmiset ovat maailmankatsomuksellisista syistä sokeita ilmeisille tosiasioille. Koska tämän sokeuden syynä on perisynti, Kristus on tieteen vapauttaja ja pelastaja vapahtaessaan syntiset tieteentekijät. Yritämme unohtaa jälkimmäiset rationaalit ja pitää ensimmäistä lausetta lähes järkevänä. Jumalan oletetaan asettaneen luonnonlait luomisessa ja toisin kuin moraalilakeja, niitä ihminen ei voi rikkoa. Siitä, rikkooko Jumala niitä ihmeen tehdessään, uskovat eivät ole toistaiseksi päässeet yksimielisyyteen.

Tieteen tekemiseen vaikuttaa myös käsitys siitä, miten tarmokkaasti Jumala luonnon tapahtumiin sekaantuu. Kun luonnon kulussa alettiin havaita säännönmukaisuutta ja ennustettavuutta, siinä ei tarvittu mitään filosofisia perusteluja. Se oli tieteen tekoa. Filosofia alkoi, kun ymmärrettävyyttä ryhdyttiin selittämään. Kreikan ensimmäiset filosofit kehittivät tulkinnan, jossa jumalien vaikutus hylättiin. Luonnon olioilla oli omat sisäiset luontonsa, mitkä määräsivät niiden käytöksen. Jumalien puuttumattomuus luonnon kulkuun teki luonnosta järjestetyn ja ennustettavan. Askel moderniin tieteeseen oli tuolloin, vain 2000 vuotta sen syntymistä ennen, otettu.

Sitten tuli Platon ja selitti, että tämän järjestyksen saattoi selittää vain se, että joku älyllinen tekijä oli kosmoksen luonut. Järjestyksen saattoi havaita taivaankappaleitten liikkeissä, joiden piti, havaintojen vastaisesti tosin, olla säännöllisiä ja tapahtua täydellisiä ympyräratoja pitkin. Järjestys vaati lisäoletuksen, jonka mukaan jumalat eivät enää luomistyön tehtyään kosmoksen toimintaan puuttuneet. Se puolestaan vaati, että jumala piti olettaa niin hyväksi (tai taitavaksi), että oli tehnyt niin täydellistä työtä kuin mahdollista. Demiurgi ei ollut kaikkivoipa. Kosmos ja sen asukit muovattiin käytössä olevasta materiasta, jonka ominaisuudet määräsivät osittain lopputuloksen laadun. Kristityt yhdistivät Platonin Timaioksen tarinoinnin ja luomiskertomuksen ja sopivat, että Raamattu väittää Jumalan luoneen ex nihilo. Platonin ideamaailma henkistettiin siinä äärimmilleen: ei miksikään.

Kristinuskon muita uskontoja suurempaa tieteen suosimista on selitetty sillä, että se levisi hitaasti kreikkalaisen sivistyksen hallitsemaan maailmaan. Rooman valtakunnan hyväksytyn uskonnon aseman se sai 300-luvun alussa ja määräävän uskonnon aseman sen lopussa. Sen teologia kehittyi oleellisesti Kreikan filosofian hallitsevien kirkkoisien toimesta, jotka ujuttivat sen sisältöön runsaasti maallista ainesta. Tärkein niistä oli logos Kristuksen hahmossa kolminaisuusopin sisällä. Platonin merkitys oli tärkein kristinuskon ensimmäisen vuosituhannen aikana ja Aristoteleen 1100-luvulta alkaen.

Rooman valtakunnan hajotessa sen itäinen osa Bysantti säilytti Kreikan kielen ja sivistyksen muslimien valloitukseen v. 1453 saakka. Moderni tiede ei syntynyt siellä, vaikka Kreikan tiede ja filosofia olivat käytettävissä. Aikaa oli yli 1000 vuotta, joten syynä lienee se, etteivät idän kristityt ottaneet kolminaisuusoppia niin kirjaimellisesti kuin lännessä tehtiin. Proosallisempi syy saattoi olla, että kirkon ja valtion valtaa ei siellä erotettu yhtä selkeästi kuin lännessä. Se ei johtunut siitä, etteivät paavit sitä yrittäneet. He eivät vain onnistuneet, mitä on "happamia sanoi kettu pihlajanmarjoista"- tyyliin selitetty Jeesuksen sanoilla.

Modernin tieteen syntyä pohjustivat 1200-luvulla länteen syntynyt yliopistolaitos ja se, että niiden oppiaineksen perustan muodostivat alusta alkaen Aristoteleen kirjojen pohjalta opiskeltava luonnonfilosofia. Myös teologit joutuivat tätä kautta tutustumaan myös maallisiin tieteisiin. Aristoteleen opeista tuli lähes Raamatun veroinen auktoriteetti luontoa käsittelevien tieteitten alalla. Koska modernin tieteen synnyn oleellinen kehitys tapahtui hylkäämällä Aristoteleen vääriksi osoittautuneet opit, häntä on pidetty pahimpana tieteen tulppana, vaikka syynä olivat pikemminkin häneen liikaa luottavat teologit. Teologian opit olivat niin tiukasti sidoksissa logiikan, fysiikan ja tähtitieteen oppeihin, että fysiikkaa saati sitten tähtitiedettä ei voinut mennä muuttamaan joutumatta syytetyksi ateismista. Väärä tiede on toisaalta parempi kuin ei tiedettä ollenkaan. Tiedemiesten suurin onni on osoittaa suosittu teoria vääräksi, missä mielessä Aristoteles on kaikkien aikojen ansiokkain lukuisten sekä suosittujen että virheellisten oppiensa ansiosta. Jumalan vaikutuksesta luontoon voimme erottaa kaksi äärimmäisyyttä. Jos ajatellaan, että luonnossa ei ole omia pysyviä voimiaan, vaan olioitten käytös riippuu kaikkeen pystyvän Jumalan tahdosta, ajatus kiinteästä luonnon järjestyksestä on epäilyttävä. Moiselta pohjalta ei luonnonlakeja synny. Toinen äärimmäisyys on käsitys, että luonto toimii omien lakiensa mukaan ehdottoman deterministisesti. Tämä puolestaan lienee ihanteellinen tausta ajatukselle luontoa hallitsevista laeista. Kolmas vaihtoehto kertoo, että luotuaan universumin olemassa olevasta materiasta jumala ei enää asioihin puutu. Kristityt muokkasivat oman versionsa, jossa Jumala loi maailman tyhjästä, täysin oman tahtonsa mukaisesti. Sen pohjalta ajatus luonnonlaeista ei ole itsestään selvää, vaan vaatii lisäoletuksia, joita teistifilosofit ovat ansiokkaasti laatineet.

Kristityt keskiajan kirkonmiehet pitivät logiikkaa suuressa arvossa. Niinpä he uskoivat, ettei Jumalakaan pysty luomaan loogisesti ristiriitaista asiaa. Luonnonfilosofian vakava harrastaminen edellytti Jumalan luonnon toimintaan sekaantumisen rajaamista. Samalla piti pitää huolta siitä, ettei premissiä Jumalan kaikkivoipuudesta epäilty. Siinä luonnonfilosofien sulkakynä joutui tarkkaan harkitsemaan, miten se käyttäjän käsissä väpätti.

1100-luvulla Willelmus Concheslainen jatkoi vanhaa perinnettä ja yritti sovittaa luomiskertomuksen ja Timaioksen. Hän ymmärsi hyvin, että se ei onnistunut, jos tarinoita tulkitaan sanatarkasti. Hän piti jopa moista absurdina. Tässä hän astui perinteisempien teologien varpaille, mikä näkyy hänen sanoissaan: "koska he ovat itse tietämättömiä luonnon voimista ja toivovat, että kaikki ihmiset ovat osallisina tässä tietämättömyydessä, he eivät halua kenenkään tutkivan niitä, vaan pitävät parempana että uskomme kuin moukat ja emme tutki asioiden luonnollisia syitä. ... mutta nämä ihmiset, jos he kuulevat jonkun niin tekevän, he syyttävät häntä kerettiläiseksi." Samaa puolustautumislinjaa osoittaa teksti, jossa hän selittää, miksi Raamatussa puhutaan niin vähän luonnonfilosofi-asta: "Totuuden tekijät ovat hiljaa luonnonfilosofian asioista, ei siksi, että nämä olisivat uskoa vastaan, vaan koska niillä on vähän tekemistä sellaisen uskon ylläpitämisen kanssa, joista nämä tekijät olivat kiinnostuneet." Luonnonfilosofian harrastaminen näyttää kohdanneen vastustusta, joten sitä piti perustella niin, että se oli uskon kannalta hyväksyttävää.

Pakollinen premissi "Jumala on kaiken perussyy" yhdistyneenä tarpeeseen etsiä luonnon tapahtumille myös luonnossa itsessään olevia syitä selitettiin primäärisen ja sekundäärisen syyn erottamisella. Primäärinen syy on Jumala, joita toimii sekundääristen syitten avulla. Jumala aiheuttaa luonnon ilmiöt luontoon luomisen aikana sijoittamiensa sääntöjen kautta. Luonnonlaki-termiä ei keskiajalla käytetty.

Ylimääräisiä oletuksia vaadittiin vielä tiettyjen Jumalalle sälytettyjen ominaisuuksien vuoksi. Jumala ei ole minkään tarpeessa, vaan on täydellinen ja riittävä itsestään, joten sille, että Hän yleensä viitsi asettaa luontoon näitä sääntöjään ihmisen iloksi, piti selittää motiivi. Se oli hyväntahtoisuus ja rakkaus.

1100-luvulla esitettiin myös ajatus, että luonto on Jumalan toinen kirja Raamatun lisäksi. Moinen väite oli melkoinen riesa luonnonfilosofian harjoittajille. Koska Raamattu ja luonto eivät tietenkään voi olla ristiriidassa keskenään, luonnonfilosofeilta vietiin oikeus olla oikeassa omista lähtökohdistaan käsin.

Varmuudesta epävarmuuteen

Uskontojen ja tieteen eroista tärkeimpiä on ajatus dogmien varmuudesta ja muuttuvuudesta. Aristoteleen tieteen mallissa lähdettiin premisseistä, jotka ajateltiin saatavan induktiivisesti luontoa havainnoimalla. Dialektisessa ajattelussa voitiin lähteä premisseistä, jotka olivat mielipiteenkin kaltaisia, ei-varmoja oletuksia, mutta tieteessä oli lähdettävä oletuksista, joiden varmuus oli jossain mielessä selvää. Se sopi teologiaan loistavasti. 1300-luvulta alkaen alettiin Jean Buridanin tavoin esittää, että tieteellinen totuus ei ollut matemaattisen totuuden tavoin absoluuttinen. Tutkittavasta asiasta vedettiin johtopäätös, kun jonkun seikan oli huomattu pätevän kaikissa havaituissa tapauksissa, mutta sen totuus oli vain todennäköinen.

Toinen Aristoteleen tieteelliseen selittämiseen liittyvä ehto oli, että ilmiön selitys vaati kaikkien hänen olettamiensa neljän syyn selvittämisen. Näistä päämääräsyy oli tärkein, mikä vastasi uskonnon ajatusta siitä, että ihmisen elämän päämäärä oli kuolemanjälkeinen pelastus. Koko universumin tarkoitus oli olla ihmisen pelastuksen näyttämö. Kun Jeesus pian palaisi maan päälle, ihmiset joutuisivat taivaaseen tai helvettiin, eikä universumiin olisi enää tarvetta. Se katoaisi sen tien.

Päämääräsyiden korostaminen haittasi luonnon ilmiöitten selitysten löytämistä, joten Buridanin tavoin niitä alettiin pitää ylimääräisinä rasitteina. Niihin vedottiin silloin, kun haluttiin hurskastella. Samalla edettiin kohti Ockhamin partaveitsen yleisempää soveltamista alkamalla karsia selityksistä muitakin rönsyjä. 1600-luvulla Kepler julisti periaatteen hyväksytyksi toteamalla, että "laajimmin käytetty aksiooma luonnontieteessä on se, että luonto käyttää harvimpia mahdollisia keinoja. "

Jumalan suora vaikutus luonnon kulkuun katsottiin yhä yleisemmin olemattomaksi. Jo 1200-luvulla luonnonfilosofit olivat käyttäneet fraasia "puhuen luonnollisesti", kun he halusivat selittää teologeille, että väite perustui Aristoteleen käsityksiin, jotka erosivat uskonnon dogmeista. Sivumerkitys oli, että he eivät väittäneet tosissaan olevansa tosissaan, vaikka kenties olivatkin.

Francis Baconia (1500-luvulla) on pidetty empiirisen tieteen perustajana, mitä hän ei ollut. Hän puhui induktiivisesta menetelmästä, jossa yksittäisistä havainnoista vedetään johtopäätöksiä, jotka eivät ole luonteeltaan loogisia. Induktiivinen menetelmä kuuluu oleellisesti kokeelliseen tieteeseen, joten empiristit ymmärsivät sen deduktiivista menetelmää tärkeämmäksi. Descartesin tavoin he alkoivat painottaa sitä, että deduktion varmuus riippui täysin sen premissien varmuudesta, mikä puolestaan piti pystyä perustelemaan muulla tavoin. Todettiin, että logiikasta ei luonnontieteissä ollut kovinkaan suurta hyötyä.

David Hume osoitti 1700-luvulla, että induktion looginen perustelu on mahdotonta, mistä tieteen filosofia ei ole koskaan toipunut. Käytännön tieteen tekijät eivät uhraa Humen ongelmalle aikaansa. Tavallinenkaan pulliainen ei mene ja hyppää kerrostalon katolta ajatellen, että koska putoamista ei voi rationaalisesti perustella, putoaminen ei ole varmaa.

Teistifilosofit puolestaan käyttävät Humea väittäessään, että tieteen tulokset ovat mielivaltaisia. Samalla he aina tilaisuuden tullen morkkaavat David-parkaa väittäen mm., että tämän filosofinen argumentointi oli niin onnetonta, että kuka tahansa nykyajan filosofian opiskelija pystyy parempaan. Humea pidettiin ateistina, vaikka hän ei sitä julki tuonutkaan. Tuona aikana ateismista saattoi joutua Englannissa hirsipuuhun, mikä lienee yksi syy siihen, että Hume jätti uskontoja käsittelevän kirjansa julkaisun kuolemansa jälkeen tapahtuvaksi. Hänen katsotaan myös tehneen selvää luonnonteologiaan kuuluvasta design-argumentoinnista, vaikka teistit jatkavat sen käyttämistä ikään kuin Humea ei olisi ollutkaan. Tässä he toimivat sentään tiedemiesten tavoin.

Metafysiikan luomisesta

Luonnonlait perustuvat faktoihin, eivät logiikkaan. Koska induktio menetelmänä on epäilyttävä, väitetään yleisesti, että sitä ei edes sovelleta tiedon hankkimiseen ja mallien laatimiseen. Oli miten oli, saadut tulokset ovat osoittautuneet käytännössä toimiviksi, joten lakien absoluuttisen varmuuden vaatiminen joltain filosofiselta pohjalta ei ole tarpeen. Joittenkin mielestä luonnonlait määräävät luonnon kulun. Tämä muistuttaa käsitystä, jossa niitä ei Jumalan asettamina ollut mahdollista rikkoa. Jumala-rönsy on pudotettu pois. Toiset pitävät niitä ihmisten luonnon kulun kuvaamiseen käyttäminä keinoina, joiden ei ajatella mitenkään voivan määrätä kappaleitten käyttäytymistä.

Tieteen saavutusten pohjalta on mahdollista luoda maailmankatsomuksia, jotka korvaavat uskontoon pohjautuvat. Teistinen realismi, jonka väitetään olevan naturalistisia ja materialistisia katsomuksia uskottavampi, on sitä vain siinä mielessä, että sen perusväitteet ovat täysin uskon varassa.

Metafysiikka tarkoittaa tieteen, siis varsinkin fysiikan, pohjalta kehitettyä tapaa käsittää maailmankaikkeutta. Käytännön fyysikot yleensä karttavat tällaisia ajatusrakennelmia. Maallikot tarttuvat puolestaan hanakasti tieteen saavutuksiin ja rakentavat asioista, joita eivät täysin ymmärrä, kaikenlaisia filosofioita. Fysiikka on teistien suuressa suosiossa big banginsä ja antrooppisten periaatteittensa ansiosta. Myös kvanttifysiikan käsittämättömyys tarjoaa mahdollisuuksia luoda kaikenlaisia uskontoon liittyvien käsittämättömyyksien (kuten kolminaisuusopin) selityksiä. Amerikkalainen emeritusfyysikko ja filosofi Victor J. Stenger on kirjoittanut uskonnon ja fysiikan yhteyksistä lukuisia kirjoja. Niissä hän väittää mm., että nykyajan tieteen pohjalta Jumalan olemassaolo tai olemattomuus on täysin todistettavissa. Kirjassaan The Comprehensible Cosmos (alaotsikko Mistä fysiikan lait tulevat?) hän kuvaa omaa suhtautumistaan siihen, miten perusteltua fysiikan tulosten pohjalta on näitä metafysiikoita rakentaa.

Stenger sanoo selkeästi, että fysiikan lait ovat ihmisten luomuksia. Ne eivät ole rajoituksia sille, miten luonto toimii, vaan ne rajoittavat sitä tutkivien tiedemiesten mahdollisuuksia luoda sitä kuvaavia matemaattisia mallejaan. Tämä ei tarkoita sitä, että lait ovat mielivaltaisia, vaan taustalla oleva todellisuus määrää ne, mutta vain niissä teoreettisissa kehyksissä, jotka mittausten suorittaja on määritellyt ensin.

Operationalismi tarkoittaa sitä, että tieteelliset termit ja käsitteet määräytyvät sen mukaan, miten mittaukset tehdään. On mahdollista valita toiset puitteet ja toiset suureet ja suorittaa mittaukset niitten perusteella. Esimerkiksi on mahdollista luoda fysiikka, jossa ei tarvita avaruusaika konseptia.

Stenger määrittelee materian asiana, joka potkaisee takaisin, kun sitä potkaistaan. Materia esiintyy kappaleina ja hiukkasina, joille voidaan takaisinpotkun seurauksena antaa ominaisuuksia, jotka on mahdollista mitata. Tämän perusteella ajatellaan, että todellisuus koostuu atomeista ja tyhjöstä, jossa ne liikkuvat. Atomi tarkoitti jakamatonta hiukkasta, joita nykykäsityksen mukaan ovat kvarkit ja elektronit. Tulevaisuudessa ehkä keksitään, mikä todella perustava perushiukkanen on, jolloin siitä tulee atomi kvarkkien paikalle.

Avaruus, aika ja liike ovat havaintojen systemaattisen kuvauksen osia, joiden itsenäinen olemassaolo on metafyysinen kysymys. Ne eivät potkaise takaisin, ellei niiden aiheuttamaa aivotoimintaa siksi lueta. (Emme tee niin, koska joutuisimme silloin hyväksymään, että myös Jumalaidean aivoissa aiheuttama kohina pitäisi lukea takaisinpotkuksi). Materiaaliset kappaleet potkivat, minkä perusteella niille annetaan sisäisiä ominaisuuksia (massa, sähkövaraus, spin jne). Nämä ovat operationaalisesti määrättyjä ja empiirisiä, mutta niillä ei ole teoreettisista puitteista erillistä olemassaoloa. Mikään riippumaton todiste ei varmista niiden kuulumista objektiiviseen todellisuuteen. Kyseessä on kulttuurinen luomus, mutta se ei ole mielivaltainen, sillä luodun mallin pitää toimia. Sille voi olla olemassa vaihtoehtoisia malleja, jotka myös toimivat. Fyysikot ovat eri puolilla maailmaa yhteydessä toisiinsa ja jakavat kaiken tiedon keskenään, joten täysin erilaisen fysiikan ilmaantuminen on epätodennäköistä ilman alieenien sekaantumista asiaan. Mallien toimivuuden kriteerit ovat myös erittäin tiukat, joten ihan mitä tahansa on turha tarjota.

Aika, avaruus ja liike ovat myös ihmisen luomia käsitteitä, joten niiden sijoittaminen "reaaliseen todellisuuteen" on metafysiikkaa. Kellon käyttämistä, liikkumista ja avaruuslentoja ei silti tarvitse näistä ideologisista syistä lopettaa.

Stengerin ajattelutapa ei vastanne yleistä käsitystä asiasta. Esimerkin toisenlaisesta asenteesta antaa Roger Penrose. Hän on tunnettu tiedemies, joka ei tyydy pelkästään tieteen tekoon, vaan luo mielellään myös metafyysisiä ajatusrakennelmia. Hän jakaa maailman kolmeen osaan, fyysiseen, mentaaliseen ja matemaattiseen. Mentaalinen maailma nousee fyysisestä, mutta vain osa matemaattisesta pohjaa siihen. Matemaattinen maailma käsittää matematiikan pätevät lauseet, joista osaa hän pitää täysin oman maailmansa todella olemassa olevina olioina. Käsitys muistuttaa Platonin ideamaailmaa.

Mikä olisi siis uskonnollisen metafysiikan ja tieteen perusteella luodun ero? Stengerin tapa katsoa asioita näyttää antavan tukea teistifilosofien väitteille pitkälle kehitettyjen tieteellisten maailmankatsomusten perustelemattomuudesta. He väittävät, että materialistinen näkemys on yhtä perustelematon kuin uskonnonkin, paitsi että heidän katsomuksensa vain on ehdottoman varma ja ainoa moraalisesti oikea. Stenger puolestaan katsoo tieteen antavan tukea sille, että naturalistinen katsomus vastaa todellisuutta, mutta epäilee mahdollisuuksiamme kehittää mitään aukottomia systeemejä.

Erilaisten materialististen katsomusten kesken ei ole mahdollista valita oikeaa, jos ne eivät ole ristiriidassa tieteen tulosten kanssa. Jos ovat, kuten uskonnot, ne pitää hylätä. Tämä on tieteessä yleinen käsitys siinä mielessä, että mitään teoriaa ei voi pitää ehdottoman varmana, mutta joitain voi pitää varmasti väärinä.

Luku 18 Luonnontieteeksi luonnontieteen paikalle

Teologia oli keskiajalla tieteitten kuningatar, ensimmäinen filosofia, koska sen faktojen varmuus ylitti kaikki muut. Luonnontieteen opit olivat sille alisteisia eivätkä saaneet olla ristiriidassa Raamatun sanan kanssa. Luonnontieteitten kehittyessä uskonnonkin perusaksioomat joutuivat arvostelun kohteeksi. Ne todettiin niin köykäisiksi, että kristinusko menetti luonnontieteen statuksensa.

ID-ajattelijat

Teistit varsinkin Yhdysvalloissa yrittävät palauttaa teologian tieteellisen ylivoiman, mistä kertoo ID-uskovien edustajan Dembskin sanat: "Jos ihmiskunnan merkittävin totuus on, että Jumala sovitti maailman itsensä kanssa Kristuksessa, niin teologian ei tulisi olla vain yksi tieteenala muiden joukossa." Ei siis riitä, että se asetetaan samalle tasolle luonnontieteitten kanssa. Kun Dembski runoilee, että "kaikki tieteet täydellistyvät Kristuksessa, ja niitä ei voi oikein ymmärtää ilman Kristusta", niin moisilla puheilla saadaan aikaan vain se, että teologiaa ei pidetä minkäänlaisena tieteenä saati sitten luonnontieteenä.

Dembski haluaa teologian luonnontieteitten yläpuolelle. Hän arvostaa niitä siinä, että hänen mielestään teologia ja filosofia ovat päteviä tapoja ymmärtää jumalan vuorovaikutus luonnon kanssa, mutta ne eivät voi vastata kysymykseen, onko jumalan vaikutus empiirisesti havaittavissa. Tähän tarvitaan luonnontieteitä. Ensin niistä täytyy karsia pois naturalismin sairaus.

Yhdysvalloissa kristinuskon asema on vahva. Luomiseen kirjaimellisesti uskovien kreationistien aatteet ovat tiedettä ymmärtäville liian vaikeaa nieltävää, joten liikettä on jalostettu intelligent design- liikkeen (ID) muodossa. Uskonnolliset tiedemiehet ovat yrittäneet todistaa, että biologisten organismien monimutkaisuus ei voi olla luonnonvalinnan tulosta. He ovat siirtyneet tähtitaivaan geometrian tuijottelusta elämän sisäisen kauneuden tai ainakin sen monimutkaisuuden näkemiseen.

ID-ajattelijoiden tuottamien tieteellisten keksintöjen anti on toistaiseksi olematon. Esitetyt väitteet on kumottu kerta toisensa jälkeen. Jos jotain asiaa ei voi selittää ilman älykästä suunnittelijaa, ei riitä, että kerrotaan, että kas, siinä tarvitaan älykäs suunnittelija. Älykkyyden varma identifiointi Jumalaksi on sekin toistaiseksi tekemättä.

Dembski puhuu teologian ja luonnontieteitten keskinäisen tuen mallista, jonka taustalla on vanha tarina Raamatun ja luonnon kirjan ristiriidattomuudesta. Molemmilla on sama kirjoittaja, joten ne ovat ainakin sopusoinnussa keskenään. Fyysikko voi selittää teologille, että universumi syntyi alkuräjähdyksessä ja teologi voi valistaa fyysikkoa, että sen sai aikaan Jumala logoksensa eli sanansa kautta. Dembski jopa väittää, että oppi luomisesta on ylivoimainen selitys alkuräjähdykselle verrattuna kaikkiin selityksiin, joita tieteellinen naturalismi on toistaiseksi antanut, mutta hän hyppääkin kirjoissaan jatkuvasti tieteestä uskon puolelle.

Materialismi uskontona

Naturalismi ja materialismi ovat suurimmat syntiset ja niistä pitäisi päästä eroon. Keinot ovat kirjavia. Niiden pätevyyttä tieteen teossa yritetään mollata eri tavoin. Filosofi Rea kertoo, että naturalistin on mahdotonta oikeuttaa uskoa muitten tajuisten olentojen olemassaoloon. Eri ismeistä käytetään todistamisen tarkoituksiin sopivia eikä pienistä ristiriidoista välitetä. Esimerkiksi Puolimatkan logiikka kertoo, että "aivot ovat ihmismielen konstruktio, siispä aivot ovat riippuvaisia tajunnasta. Kuitenkaan materialismin mukaan ihmismieltä ja tajuntaa ei voi olla ilman aivoja. Niinpä joudumme mahdottomaan tilanteeseen, jossa pitäisi olla tajunta, ennen kuin voisi olla aivot, ja pitäisi olla aivot, ennen kuin voisi olla tajunta." Jälleen kerran näemme, että logiikan avulla voi todistaa ihan mitä tahansa, kunhan valitsee premissit niin, että lopputulos on haluttu.

Materialismi väitetään uskonnoksi. Epäselväksi jää, onko tarkoitus osoittaa luonnontieteitten opit yhtä perusteettomiksi kuin uskonnonkin vai uskon opit luonnontieteen oppien veroisiksi. Uskontoja on ollut ja on edelleen tolkuton kirjo. Yritys saada ne sopimaan täsmällisten luonnehdintojen alle on mahdoton tehtävä. Niissä kaikissa ei edes uskota jumalaan, saati sitten persoonalliseen jumalaan. Käytännössä uskonnoksi voi julistaa melkein mitä tahansa. Roy Clouserin mukaan uskonnollisia uskomuksia luonnehtii usko todellisuuden perustaan, siihen, mistä kaikki riippuu ja mikä puolestaan ei ole riippuvaista mistään. Jumalallista on se, mitä ei tarvitse selittää millään, mutta jonka avulla selitetään kaikki muu. Materialistit uskovat tässä mielessä materiaan, joten, vaikka sitä ei jumalallliseksi julistaisikaan, niin materialismin voi näin uskonnoksi väittää. Tämän jälkeen voi unohtaa (tai luottaa siihen, että lukija unohtaa) tavan, millä siitä saatiin uskonto ja kertoa kautta kirjan, että myös materialismi on uskonto eikä siis yhtään tieteellisempää. On se silti tieteellisempää kuin seuraava Dembskin saarnaus: "Kristus on välttämätön jokaiselle tieteelliselle teorialle, vaikka sen kannattajilla ei olisi aavistustakaan hänestä. Tieteellisen teorian pragmaattista puolta voidaan harjoittaa vetoamatta Kristukseen. Mutta teorian käsitteellinen oikeellisuus voidaan lopulta saavuttaa vain Kristuksessa." Bertrand Russell kertoi Pythagoraan väittäneen, että veljeskunnan kaikki tieteelliset saavutukset johtuisivat hänestä senkin jälkeen, kun hän olisi kuollut, joten jo kreikkalaiset 2500 vuotta sitten ...

Frank J. Tipler ja uskonto luonnontieteenä

Teistit eivät välttämättä halua kristinuskolle luonnontieteen asemaa. Kosmologi Frank J. Tipler haluaa, mutta hän onkin luonnontieteitten edustaja, joka on kääntynyt ateismista kristinuskoon. Hän väittää, että "viimeisempien fysiikan teorioitten perspektiivistä kristinusko ei ole pelkkä uskonto, vaan kokeellisesti testattava luonnontiede." Samalla hän on keksinyt ihka uuden kerettiläisten joukon: ne tiedemiehet, jotka eivät ole hänen kanssaan samaa mieltä, ovat tieteen kerettiläisiä, koska kieltäytyvät seuraamasta tieteen tuloksia sen johdonmukaiseen johtopäätökseen saakka. Ne muka johtavat väistämättä Jumalaan ja koska useimmat huipputiedemiehet ovat ateisteja, moinen on heille mahdotonta nieltäväksi. Uskon lujuutta pidetään yleensä hyvänä asiana, mutta ei tietenkään, jos vääräuskoiset sitä osoittavat.

Tipler ottaa kahdessa kirjassaan koko kristinuskon sisältämän opillisen paketin käsittelyyn. 1990-luvulla ilmestynyt The Physics of Immortality selittää kuolemattomuuden ja 2000-luvulla ilmestynyt The Physics of Christianity käsittelee Raamatun ihmeitä väittäen, että ne eivät riko luonnonlakeja. Sitä eivät tee vetten päällä kävelyt, neitseelliset syntymät ja inkarnaatiot. Vanha Aristoteleen logiikka ja luonnonfilosofia ovat vihdoinkin saaneet seuraajan, joka pystyy samaan. Tipler osoittaa sen verran modernia henkeä, että muuttaa uskonnon eikä niinkään fysiikan oppeja saadakseen ne sopimaan aivoituksiinsa. Sielu on märässä aivot-nimisessä tietokoneessa pyörivä tietokoneohjelma, mistä sitten kuolemattomuus saadaan mukavasti selitettyä. Hän joutuu toki valitsemaan kosmologian ja kvanttifysiikan teorioista, joista tiedemiehet ovat eri mieltä, ne, jotka ajatuksiin sopivat, mutta ei vääristele niitä monien muitten tiedettä tarkoituksiinsa sopiviksi muokkaavien teistien tapaan. Vapaa tahto, perisynnin ilmestyminen maailmaan, kolminaisuusoppi ja ehtoollisen ihme ovat kaikki selviä kosmologisen äärettömän monia universumeja sisältävän maailmankuvan puitteissa.

Multiversumin syntyä hän kutsuu alun singulariteetiksi, kaiken päättymistä universumin romahtaessa kasaan äärettömän tiheäksi pisteeksi lopun singulariteetiksi ja kaikkia multiversumin siinä välissä esiintyviä vaiheita nimellä All-Presents Singularity. Voisiko sen kenties suomentaa "kaiken nykyisen singulariteetiksi." Siinä tapahtuvat kaikki ajalliset ilmiöt, muut kaksi ovat ajan ulkopuolella. Pyhä Henki on alun singulariteetti, Poika Kristus tämä nykysingulariteetti ja Isä Jumala sitten lopun singulariteetti.

Kirjan ymmärtäminen vaatii laajoja kvanttifysiikan ja kosmologian tietoja, joten sen väitteitten täsmällinen vääriksi tai oikeiksi osoittaminen on pakinan puitteissa mahdotonta. Pakinoitsijan omat tiedot eivät myöskään siihen riitä, joten vetoan suomalaiseen kosmologiin Kari Enqvistiin, jonka moitteettoman tieteellinen arvio kirjasta The Physics of Immortality kertoo, että "Tiplerin päätelmät ovat epäilyttävämpiä kuin helleviikoksi kesämökin pöydälle unohtunut lahna."

Kirjan sisältö voi olla miten tieteellistä tahansa, mutta usko Raamatun kaltaisen epätieteellisen kirjan totuuteen riittää tuhoamaan sen luotettavuuden. Esimerkiksi perustellessaan Pyhän Hengen pitämistä alun singulariteettina hän viittaa luomiskertomukseen, jossa "Jumalan henki leijuu tyhjyyden päällä". Tiplerin mielestä tämä on tarkka kuvaus multiversumin alusta. Mieleen tulee varsinkin kirjaa kristillisyyden fysiikasta lukiessa, että Tipler laskee leikkiä. Tai että kun hän on saanut päähänsä koettaa kvanttifysiikan ja nykyajan kosmologian sovittamista kristinuskon käsitteistöön, hän ei ole vain pystynyt vastustamaan kiusausta leik-kiä tätä leikkiä tietäen varsin hyvin, että se herättää paljon enemmän huomiota kuin tieteellisestä kosmologiasta kirjoittaminen ikinä. Hän muistuttaa meitä 1100-luvun loogikoista, Abelardista ja kumppaneista, siinä, että ei kykene pitämään älyllisiä näppejään erossa selitettäviksi mahdottomien uskon dogmien selittämisestä. Ehtoollisen ihme saa kirjoissa modernin selityksensä. Tiplerin tulkinta aristoteelisesta versiosta on seuraava. Ennen uskottiin aineen koostuvan maasta, vedestä, tulesta ja ilmasta. Muutos tapahtui, jos mikä tahansa näistä jonkin kappaleen perussubstansseista muuttui toiseksi. Vesi saat-toi korvata tulen jne. Korvautuminen saattoi tapahtua osittain, joten vain osa tulesta korvautui vedellä. Kappaleen näkyvät ominaisuudet voi-vat pysyä samoina perussubstanssin muuttumisesta huolimatta.

Nykyfysiikassa aineen muuttuminen toiseksi perustuu atomien uusiin yhdistelmiin. Tältä pohjalta ei vielä pystytä transsubstantiaatiota selittä-mään, minkä Descarteskin aikoinaan koki. Mutta kvanttifysiikan käsit-teistö on riittävän mahtavaa. Vetykaasun ja happikaasun muodosta-masta seoksesta tulee vettä. Mitään muutosta substansseissa (siis vety- ja happiatomeissa) ei tapahdu. Muutos tapahtuu atomien välisissä kvanttikoherenssisuhteissa. Alussa vetykaasu ja happikaasu koostuvat kahden vetyatomin ja kahden happiatomin muodostamista molekyy-leistä, joiden kaksi atomia ovat keskenään kvanttikoherentissa tilassa. Atomit ryhmittyvät uudelleen vesimolekyyleiksi, joissa kaksi vetyatomia ja yksi happiatomi muodostavat koherentin tilan. Transsubstantiaatio (tässä siis yleensä aineen muuttuminen toiseksi) tarkoittaa muutosta atomien välisissä kvanttikoherenssisuhteissa.

Tipler väittää, että tämä tapahtuu, kun pappi lausuu ehtoollisen aikana loitsunsa. Leivän ja viinin muodostavat atomit eivät muutu. Samoin suu-rin osa koherenssitiloista pysyy samoina. Kaikki kemialliset testit osoit-tavat, että leipä ja viini ovat edelleen leipää ja viiniä. Huomattavasti hie-nompi testi osoittaisi (väittää siis Tipler), että leipä ja viini ovat transsub-stantiaation kautta muodostaneet koherenssin Poikasingulariteetin kanssa, mikä on kolminaisuuden toinen jäsen.

Puhuessaan kokeellisesti testattavasta tieteestä hän siis viittaa testeihin, joita ei vielä pystytä suorittamaan. Leipä ja viini eivät sisällä kaikkia ihmisen alkuaineita eikä atomejakaan ole määrältään riittävästi kovin kookkaan Kristuksen tarpeiksi, joten tämän koherenssin täytyy olla luonteeltaan jotain muuta kuin atomien välistä. ID-ajattelijat eivät Tiplerin tavoin halua, että teologia olisi luonnontiede. Mutta he haluavat sen Tuomas Akvinolaisen tavoin kaikkien tieteitten valtiaaksi ja yhdistäjäksi. Miettikäämme siis, mitä siitä voisi seurata. Ne fysiikan opit, jotka voidaan selittää luomisteoriaa vahvistaviksi, lukittuisivat lopullisiksi koskemattomiksi totuuksiksi. Big bangin kieltäminen muuttuisi näin jumalanpilkaksi. Samoin jos Tipler saisi vahvan aseman uskonnollisen fysiikan tulkitsijana, kosmologit pakotettaisiin uskomaan universumin romahtamiseen singulariteettiin professuurinsa menettämisen uhalla.

Biologiassa yliopistoihin syntyisi uusi osasto, luomisteorian laitos ja evoluutioteorian opetus muuttuisi niin, että nykyisten teorioitten päälle liimattaisiin älykkään suunnittelun periaate, jota ei saisi kieltää.

Tärkeimmäksi totuuden lähteeksi tulisi Raamatun sana, minkä jälkeen kaikki alkaisivat taas vakuuttaa, että luonnon kirjan ja Raamatun välillä ei voi olla ristiriitaa, minkä jälkeen päivänselviä ristiriitoja alettaisiin tulkita allegorisesti, minkä jälkeen tulisi uusi Luther, joka ...

Luku 19 Logos tuhoaa kristinuskon luonnontieteen statuksen

Puolimatka: Naturalistilla ei ole syytä olettaa ihmisten älyllisten kykyjen olevan luotettavia: ne voivat tuottaa yhtä hyvin tosia kuin epätosiakin uskomuksia. Koska naturalismi on yksi hänen uskomuksistaan, hänellä ei ole perusteita luottaa naturalismiin.

Teistifilosofit väittävät, että materialismi on uskonto, vaikka materialisti ei Materiaan rukouksia kohdistaisikaan. Luon seuraavassa katsauksen tämän uskonnon käsityksiin noudattaen teistien hahmottelemaa tapaa todistaa, että vain kristinuskon maailmankäsitys mahdollisti modernin tieteen synnyn. Samalla osoitan, että materialismin nousu teki selvää kristinuskon tieteellisestä asemasta jumalalliseksi julistamani Logoksen toiminnan kautta.

Koska materialismi on uskonto, siinä täytyy olla joku Kristusta vastaava jumalolento. Materia vastaa Jumalaa ja Logos on informaation välittäjä sen ja elävien olentojen välillä. Kaiken perustan täytyy olla konkreettista, yksinkertaista ja täsmällisesti määriteltyä, joten lainaan Stengeriä: Materia on kamaa, joka potkaisee takaisin, kun sitä potkaistaan. Tämä on hyvä keino erottaa henkinen ja materiaalinen toisistaan. Järjestys on myös selvä: Materia on ensin ja henkinen on mahdollista vain sen kautta. Uskonnolla täytyy olla kolminaisuusopin vastine. Informaation olemassaolo vaatii kaksi vaihtoehtoa, joten kaksinaisuusoppi vastaa tieteellistä näkemystä: Me palvomme Materiaa, joka on ikuista. Materia on kaksinaista siinä mielessä, että myös Elämä on materiaa, mutta ei silti ole kahta Materiaa vaan yksi Materia. Ihminen ei ole ikuinen, mutta Materiasta syntyvä Elämä on. Logos ei ole Materiaa, vaan on siitä lähtenyt. Se on ikuista, sillä kun jotain elävää syntyy, Logos asettuu sen rakenteeseen kuin iiliäinen ja toimii informaation välittäjänä (Sanana) sen ja Materian välillä.

Tällä tavalla määritelty uskonto on kiistämättä luonnontiede. Kun se syntyi modernin tieteen muodossa, se samalla syrjäytti kristinuskon ja asettui sen tilalle luonnontieteeksi luonnontieteen paikalle.

Miksi on syytä uskoa, että maailmankaikkeus on järjestynyt?

Materialistinen oppi siitä, että evoluutio kehitti luonnonvalinnan kautta ihmiselle aivot, jotka ovat kehittyneet selviämään elinympäristössään, antaa perusteet uskoa, että ihminen ymmärtää universumin toimintaa. Universumi ja ihminen ovat saman materian eri ilmenemismuotoja. Materia kerääntyy erilaisiksi kasautumiksi, kuten tähdiksi ja planeetoiksi. Ihminen on myös liikkuva Materian kasautuma, joka pysyy erillisenä entiteettinä ympäristöstä kootun informaation avulla. Uuden elollisen olennon syntyyn, toimintaan, lisääntymiseen ja ajatteluun tarvittava informaatio on tallentunut materiaalisessa DNA:n ja RNA:n muodoissa.

Ihmisen ajattelu perustuu tietyllä tavalla järjestyneeseen Materiaan. Kaikki, mitä tietoisuus kokee ulkoisesta ja sisäisestä maailmasta, on aivojen luomaa. Tiedostamattomat prosessit käsittelevät aistien kautta tulevan materiaalin, oli se sitten kehon sisäistä tai ulkoista. Luulemme, että meillä on suora kosketus ulkoisiin esineisiin ja samoin, että meillä on erillinen sisäinen maailma. Nämä illuusiot saavat meidät kokemaan itsemme Materiasta erillisinä toimijoina.

Aivot luovat myös täydellisiä harhakuvia, joilla on ulkoisen kanssa yhteistä vain olioitten ja tapahtumien muodot. Kokijalleen ne ovat täysin todellisia. Tästä syystä tarvitaan tiedettä ja tästä syystä tarvitaan Materiaan uskovien yhteisö, jotta havainnot eivät jää yhden tarkkailijan (kenties jopa kerettiläisen) varaan.

Ihminen luo henkisiä, aineettomia objekteja. Matematiikan objektit ovat sellaisia, jopa niin, että monet ajattelijat suovat niille erillisen olemassaolon. Heidän mukaansa ne muodostavat oman aineettoman maailmansa. Tämä ei sovi uskontomme käsityksiin, joten torjun moisen kertomalla ja uskomalla sen, mitä Lakoff ja Nunez kirjassaan Where Mathematics comes from (Mistä matematiikka tulee) esittävät.

Kirjoittajat torjuvat matematiikan ylimaallisuuden selittämällä sen olemassaolon evoluution ja kulttuurin kautta, pitäen sitä täysin ihmisen keksintönä. Vain pienet kokonaisluvut ovat valmiina meidän päässämme, evoluution tuottamana synnynnäisenä kykynä lisätä ja vähentää lukuja neljään tai viiteen saakka. Puhumista osaamattomilla lapsilla on kokeiltu asiaa piilottamalla kolme esinettä, ottamalla salaa yksi pois, jolloin näytettäessä kätkön kaksi esinettä huomataan, että lapsi ainakin tajuaa jonkin olevan vialla.

Kaikki muu on seurausta mm. pystysuorasta asennostamme, voimien tajustamme ja kehomme liikkeistä, jotka sitten jalostetaan alemmaksi tai korkeammaksi matematiikaksi. Jalostus vaatii toki myös kognitiivisia synnynnäisiä, ympäristön ihmiseen evoluutiossa kehittämiä kykyjä. Tutusta ilmiöitten alueesta, lähdealueesta, muodostetaan metafora, joka rakentaa uuden ilmiön uudelle alueelle, kohdealueelle. Aritmetiikan perusmetaforat ovat esineitten kerääminen, esineitten rakentaminen, mittatikun käyttö ja liikkuminen polkua pitkin. Tiilipinon korkeus esimerkiksi vastaa lukua ja korkeampi tiilipino puolestaan suurempaa lukua. Matkojen pituuksien vertaamien metrimitan kaltaisella välineellä tuottaa samoja lukuja koskevia mielleyhtymiä.

Hahmojen näkeminen luonnossa tuottaa abstrahoinnin, liikkuminen ajassa tuottaa eksponenttifunktiot ja luonnolliset logaritmit, valinta tai pelaaminen todennäköisyyslaskennan. Tekniikan käytännöt muuttuvat matematiikaksi ja luonnosta tehdyt havainnot muuttuvat laskemiseksi. Tämä selittää sen, että matematiikka soveltuu luonnon tutkimiseen tarvitsematta olettaa mitään ylimaallisuuksia mm. siksi, että matematiikka on luotu luonnosta tehtyjen havaintojen perusteella.

Ympäristöstä saatu informaatio on myös rakentanut aivomme, joten on uskottavaa, että me ymmärrämme sitä. Kyseessä ei ole täysin puhdas kulttuurin tuote. Alieenit, joilla on erilaiset ympäristöt ja siitä johtuen erilaiset aivot, tuottavat kenties toisenlaisen matematiikan, mutta koska Materia on heillekin sama, meidän ja niitten matematiikoilla on jokin yhtenäinen perusrakenne. Kun keksitään jotain uutta, vaikka uusi lukujoukko, sitä koskevien teorioitten luominen ei ole enää mielivaltaista. Voimme puhua uuden teorian löytämisestä sen keksimisen asemesta, koska samoilla ajattelunkyvyillä varustetut ihmiset päätyvät lopulta samoihin keksintöihin. Alieeni, jonka aivot ovat kehittyneet ymmärtämään kvanttifysiikkaa yhtä hyvin kuin me tajuamme kolmiulotteisuuden, löytää samoista lähtökohdista jotain sellaista, mihin ihmismatemaatikko ei kykene.

Syntiinlankeemus

Kristinuskon filosofit ovat kehittäneet opin, jonka mukaan syntiinlankeemus heikensi ihmisen älyllisiä kykyjä, mikä motivoi kehittämään empiirisiä menetelmiä. Materiauskontomme pitää Logoksen muuttumista Jeesukseksi syntiinlankeemuksena, jossa tämä täysin henkinen olento koki inkarnaation muuttuen pelkästä aivojen kyvystä tiedostaa liikkuvaksi ja verta vuotavaksi ihmiseksi. Moinen muutos heikentää älyllisiä kykyjä ja suuntaa mielenkiinnon vääriin kohteisiin. Lihallinen ihmisen kaipaa esimerkiksi pelastusta, mikä tarkoittaa myös kuolemanjälkeistä elämää. Logoksen ei tarvitse välittää moisesta, sillä se on aina elossa jokaisen elävän olennon solujen perintötekijöitten informaationa eli Sanana. Logos oli jo vaikuttanut Demokritoksen ja Epikuroksen kaltaisiin antiikin filosofeihin niin, että nämä olivat luoneet atomiopin. Lucretiuksen runoelmasta Maailmankaikkeudesta on löydetty jopa viitteitä elämän kehityksen ymmärtämisestä luonnonvalinnan kaltaisen prosessin avulla. Lucretius eli vv. 99-55 eaa., jolloin kristinuskoa edeltäviä uskontoja, mm. gnostilaisuus, oli olemassa. Ne johtivat siihen, että ajattelijat siirtyivät Logoksen älyllisyydestä hämärään mystiikkaan. Siitä seurasi 1500 vuotta kestänyt pimeä aika, jolloin väärät opit hallitsivat maailmaa. Enemmistö ihmisistä uskoo niihin edelleen.

Logos oli pimeänä aikana kätkeytynyt kolminaisuusopin sisään ja pystyi kurkottamaan sieltä kohti lunastusta viettelemällä teologit harrastamaan logiikkaa. Nämä eivät ulottaneet Logosta kristinuskon ilmoituksen täyteen älylliseen tutkimiseen, mikä tarkoittaa varsinaista synnissä rypemistä. Samalla he käyttivät älyään luonnon tutkimiseen ja loivat teologian, joka muuttui luonnontieteeksi. Lopulta he veivät logiikan harrastuksen niin pitkälle, että ihmiset saivat siitä tarpeekseen, mikä lienee ollut Logoksen tarkoitus. Luther julisti logiikan teologian harjoittamisessa pannaan ja aloitti lunastustyön, joka johti lopulta modernin tieteen syntyyn ja Logoksen vapautumiseen. Kristinuskoon siitä jäi vain sen inkarnaatio Kristus, mikä ei riitä luonnontieteeksi.

Kristinusko ei syntyessään omaksunut atomistien mekanistista ajattelua, vaan kehitti kokonaisvaltaisen maailmankuvan, jossa tärkeimmäksi selittäviksi tekijöiksi katsottiin päämäärään tähtäävät syyt. Ihmisen päämäärä oli pääsy taivaaseen ja universumi oli vain Jumalan sitä varten luoma kulissi, missä syntinen pystyi tekemään syntiä tai olemaan hyveellinen, ihan miten halusi. Kolminaisuusoppi vahvisti kuvaa kaiken yhtenäisyydestä, joten kun Logos vapautui sen kahleista, se sai tiedemiehet palaamaan mekanistisen ajattelun älylliseen ihanuuteen mekanistisen filosofian opein. Tämän filosofian luoneet tiedemiehet olivat vielä kristinuskon turmelemia eivätkä pystyneet omaksumaan täyttä materialistista uskontoa.

Lunastus

Modernin luonnontieteen synnyttäneet kristilliset tiedemiehet toimivat lunastuksen airueina kehittämällä fysiikan oppeja, jotka materialistinen uskonto pystyi myöhemmin pienillä Ockhamin partaveitsen leikkauksilla muuntamaan uskontonsa dogmeiksi. 1700-luvulla syntynyt ateismi toimi välimuotona. Ateistit tekivät sen virheen, että uskoivat elämänkatsomuksen ilman uskontoa olevan mahdollista, varsinkin kun teistifilosofien annetaan määritellä, mitä uskonto on. Ratkaiseva askel kohti materiauskontoa jäi ottamatta.

Materiauskonnon tärkein pyhimys kautta aikojen on Charles Darwin, joka 1800-luvulla loi uskonnon tärkeimmän opin, evoluution luonnonvalinnan kautta. Hän selitti, miten elämä kehittyy Materiasta ilman ulkopuolista suunnittelijaa tai ohjausta, täysin materiaalisten prosessien luomana. Se tarkoitti älyllistä mahdollisuutta päästä täysin irti henkiaineeseen tai materiattomaan luojajumalaan perustuvista perusasioitten selittämisistä.

Vääräuskoiset ovat tajunneet Darwinin aseman, mistä vaikkapa Puolimatkan kirja Usko, tiede ja evoluutio kertoo. Tuhansittain kirjoja on kirjoitettu pelkästään yrityksinä osoittaa hänen olevan väärässä.

Materiauskonnon tulevaisuuden näkymiä

Materiauskonnon tärkein tutkimuskohde nykyisin lienee tietoisuuden selittäminen, mikä tarkoittaa aivojen materian ja sen prosessien tutkimista. Entiset filosofian alan kysymykset vaikka siitä, miksi ihmisen uskoo jotain, miten nämä uskomukset syntyvät ja miksi niitä pidetään tosina tai epätosina, siirtyvät luonnontieteen harjoittamiseksi aivojen tutkimisen muodossa.

Moraaliset asiat ovat myös oleellisia, kun kyseessä kerran on uskonto. Teistit väittävät, että moraaliset arvot ja hyvän tai pahan kaltaiset aiheet ovat alueita, joista tiede ei pysty sanomaan mitään. Koska materialismi on molempia, sillä on täysi oikeus etsiä moraalin perusteita vaikkapa evoluutioteorian avulla. Niinpä, jotta materiauskontomme saisi tämänkin ulottuvuuden, kerron seuraavassa pakinassa, miten etiikkamme luominen edistyy.

Luku 20 Moraalin luonnontiede

"Jos moraalilaki on vain evoluution oheistuote, ei ole olemassa hyvyyttä eikä pahuutta. Meitä on petetty. Ne ovat kaikki illuusiota. Ovatko ihmiset, erityisesti jyrkät ateistit, halukkaita elämään tällaisen maailmankatsomuksen vallitessa?" (lausui Francis Collins, vääräuskoinen)

Kristinuskon menetettyä luonnontieteen asemansa se on puolustanut olemassaoloaan kertomalla, että tiede ei voi sanoa mitään arvoista ja elämän suurista päämääristä. Se on myös kieltäytynyt hyväksymästä sitä, minkä me materiauskoiset tiedämme todeksi, että sielu on materian prosesseista nouseva Logoksen tuote. He inttävät, että se ei ole evoluutiosta vaan Jumalasta.

Collinsin lausunto kuvaa hyvin uskontojen käsitystä moraalin alkuperästä. Platon kumosi sen perusteet Sokrateen sanoin jo ennen kristinuskon syntyä. Uskonnot pitävät silti moraalista määräämistä yksinoikeutenaan, minkä ihmiset näyttävät yleisesti hyväksyvän.

Koska olen strategisista syistä suostunut pitämään materialismia uskontona, voin käsitellä moraalia ilman, että teisteillä on siihen mitään sanomista. Lähden materiauskovalle ilmiselvästä faktasta: ihmisistä on tullut moraalisia eläimiä evoluution myötä. Sosiobiologian ja evoluutiopsykologian kaltaiset tieteen haarat tutkivat tätä kehitystä ja sen ilmenemistä nykyihmisessä. Tässä pakinassani keskityn aivan perustasolle, siihen, miten moraaliset arvot maailmaan ilmaantuivat.

Moraalifilosofiassa eli etiikassa moraalin luonnontiedettä torjutaan vetoamalla David Humen ja E. G. Mooren väitteisiin. Hume totesi, että yksinomaan tosiasioista ei voi johtaa velvoitetta toimia. Siitä, mitä on, ei voi johtaa, mitä pitäisi olla. Lain voi lyhentää muotoon "on/pitäisi". Johtamisella tarkoitetaan loogista deduktiota. Moraalifilosofi E.G. Moore 1900-luvun alussa esitti, että naturalistinen erhe tehdään, kun yritetään todistaa eettinen väite vetoamalla termin "hyvä" määrittelyyn yhden tai useamman luonnollisen ominaisuuden termein.

Oletetaan, että 1) Matti varastaa rahaa työnantajaltaan. 2) Tämä tuottaa harmia työnantajalle, mistä seuraa, että 3) Matin pitäisi lopettaa moinen pahe. 1) ja 2) ovat "on" - faktoja ja 3) normatiivinen "pitäisi"- väite. Humen giljotiini väittää, että väite 3) on loogisesti perusteeton. Ketjuun voisi lisätä vielä premissin "työnantajalle ei pitäisi tuottaa harmia", mutta työntekijöitten ammattiliitot eivät kannata tätä moraaliväitettä, joten se ei fakta eikä universaali.

Materialistit hyväksyvät yleensä myös naturalismin, joten kun vääräuskoiset kutsuvat Humen lakia naturalistiseksi erheeksi, kyseessä on tietoinen panettelu. Siinä annetaan ymmärtää, että yritys johtaa etiikka materialismin tai naturalismin pohjalta on erhe. Näiden väitteitten osoittaminen vääriksi on siten materiauskojan moraalinen velvollisuus. Kaikki tiedemiehet eivät valitettavasti ole samaa mieltä. Psykologi Jerry Fodorin kanta on, että "tiede käsittelee faktoja, ei normeja. Se voi kertoa meille, kuinka me olemme, emme, miten meidän pitäisi olla." Julistamme Fodorin kerettiläiseksi ja määräämme hänelle katumusharjoituksia.

Michael Shermerin empiiristä moraalia

Michael Shermer on kirjoittanut kirjan The Science of Good and Evil (Hyvän ja pahan tiede), jossa hän esittää laajan moraalin ja etiikan tieteen version. Esitän tässä siitä vain hänen tapansa puolustella tekosiaan. Edward O. Wilson perusti aikoinaan sosiobiologian nimellä tunnetun suuntauksen, jossa etiikan tutkimusta maallistettiin empirismiin päin. Hän totesi, että joko eettiset periaatteet ovat riippumattomia ihmisen kokemuksesta tai ovat täysin ihmisten inventoimia. Jos uskomme, että eettiset periaatteet ovat olemassa ihmisen ulkopuolella, olemme transsendentalisteja. Jos uskomme, että ne ovat ihmismielen tuotteita, olemme empiristejä.

Michael Shermer kertoo, että lähes jokaisessa etiikasta käymässään keskustelussa häntä pyydetään selittämään, kuinka mikään eettinen systeemi, joka ei perustu jumalalliseen alkuperään, voi olla muuta kuin relativistinen, siis riippuvainen ihmisten mielipiteistä ja kulttuureista. Pahin solvaus on todeta, että moraali on nihilististä, jolloin mikä tahansa mielipide voidaan katsoa yhtä oikeutetuksi. Shermer väittää, että moraali on sekä transsendentalistista että empiiristä. Hän toteaa, että moraalisuus on ihmismielen ulkopuolella, koska se ei ole ihmisyksilön tuote, vaan inhimillinen kaikkia koskeva piirre, siis universaali. Evoluutio on luonut moraaliset tunteet ja siihen liittyvän käytöksen satojen tuhansien vuosien aikana niin, että vaikka ajattelemme ihmisten luoneen moraalin ja etiikan (siis olemme empiristejä), me emme sitä luoneet, vaan paleoliittiset esi-isämme. Moraaliset tunteet ja käytös ovat persoonattoman evoluutioksi kutsutun voiman tuotteita ja siis tulivat ulkopuoleltamme. Näin olemme samalla transsendentalisteja.

Tämä tuo mieleen Descartesin yrityksen selittää, että vaikka Maa liikkuu, se on silti paikallaan. Shermerin transsendentalismin karvalakkimallissa Evoluutio lykätään Jumalan paikalle. Moraalin kehittymisen tieteellinen selittäminen ei näitä puolusteluksi tarkoitettuja määritelmiä vaadi, vaan niiden pitää itse oikeuttaa itsensä. Materiauskonnon fundamentalistina katson, että Shermer yrittää seistä kahdella pallilla ja putoaa niitten väliin. Hän myös väittää, että Jumalan olemattomuutta ei voi todistaa tieteellisesti ja että hänen moraalin mallinsa sallii Jumalan lisäämisen selittäväksi tekijäksi kaiken taakse, mikä tekee hänen synneistään lähes anteeksiantamattomia. Uskonisiemme täytyy pystyä laatimaan täysin materialistisia selityksiä ilman minkäänlaisia puolusteluja tai myönnytyksiä teistisiin suuntiin.

Perisynti DNA:ssa

Frank J. Tipleriä voimme pitää uutena Filon Aleksandrialaisena, joka yrittää yhdistää nykyfysiikan opit kristinuskon Raamatun tarujen kanssa. Hän selittää The Physics of Christianity-kirjassa syntiinlankeemuksen elämän biologisen kehityksen pohjalta.

Tipler sanoo, että perisynnin käsite on tieteellisesti oikeutettu siinä mielessä, että se on koodattu DNA:han. Elämän kehityksen alkuvaiheessa ei ollut syntiä, joten syntiinlankeemus on historiallinen fakta. Hän määrittelee moraalisen pahan vuorovaikutuksena kahden tai useamman elävän organismin välillä, jossa organismit käyttävät voimaa toisia kohtaan ikävässä tarkoituksessa. Luonnollista pahaa on kahta lajia: tuska (fyysinen tai mentaalinen) ja kuolema.

Ennen syntiinlankeemusta näitä pahuuksia ei maailmassa ollut. Kaksi miljardia vuotta sitten Maa oli yksisoluisten olentojen hallussa eikä ennen monisoluisten syntyä ollut erillisiä lajeja. Organismit olivat toistensa klooneja, joilla oli samat perintötekijät. Tiplerin mielestä yksilö tuolloin tarkoitti kaikkien näitten kloonien muodostamaa joukkoa. Organismeilla ei ollut hermostoa, joten ne eivät tunteneet kipua. Ne olivat kuolemattomia siinä mielessä, että jos yksikin klooni oli elossa, organismin voi katsoa olleen elossa. Ei siis ollut mahdollista saada toista kokemaan tuskaa tai tappaa häntä.

Monisoluisten organismien kehityksen myötä paha asteli Maan pinnalle. Monisoluiset muodostavat yksilöitä, koska niillä on omalaatuiset perintötekijänsä. Niillä on hermosto, joten ne kokevat tuskaa ja kuolevat. Moraalinen paha syntyi samalla, koska tuskan ja kuoleman aiheuttaminen toisille oli mahdollista.

Syntiinlankeemuskertomuksen mukaan Eeva aiheutti kaiken tämän eikä Tipler halua toista sukupuolta syyllistää. Koska hän pitää Raamattua totena, hänen täytyy saada nainen joka tapauksessa syylliseksi ja niinpä hän siirtyy geenien tasolle. Sukupuoli määräytyy kromosomien perusteella siten, että X ja Y kromosomit tuottavat yhdessä miehen, XX-yhdistelmä naisen, joten X- kromosomin geenit voivat olla vastuussa ihmisen syntisyydestä. Tipler myöntää, että hän ei ole asiasta ihan varma, joten ehkä hän pelkää, ettei tämä Raamatun tulkinta teologeja miellytä. Hän ei kuitenkaan kerro jättävänsä lopullista ratkaisua herroille tai rouville teologeille, joten edistystä 700 vuoden takaisiin Buridanin aikoihin verrattuna on tapahtunut.

Jos pahuuden tulo maailmaan liittyy siihen, että monisoluiset organismit alkoivat syödä toisiaan, se voi liittyä luun, varsinkin hampaitten, ilmaantumiseen. Tämän perusteella Tipler ehdottaa, että syntiinlankeemus tapahtui kambrikautena 500 miljoonaa vuotta sitten. Ihmisiä ei tuolloin ollut, joten hän joutuu hylkäämään Raamatun kuvauksen kirjaimellisen lukutavan, mikä on myönnytys materiauskon suuntaan. Kristittyjen lohdutukseksi mainittakoon, että hän pitää Saatanan olemassaoloa mahdollisena. Se voisi olla biosfäärin ohjelma, joka koodattuna eläinten geenikompleksiin tekee näistä petoja. Näin meille tarjotaan mahdollisuutta määritellä Saatana tieteellisesti, mutta en silti tunne houkutusta liittää sitä oppiemme joukkoon.

Tipler muuttaa käsityksen siitä, mitä kuolemattomuus tarkoittaa, sopimaan omiin tarkoituksiinsa pitämällä yksisoluisten jakautumalla lisääntyvien bakteereitten populaatiota yhtenä ja samana olentona. Voisi myös ajatella, että koska bakteerilla on rajapinta ja se tekee eron sisäisen ja ulkoisen maailman välillä, sen kannalta ulkomaailman ilmiöt voidaan luokitella hyviksi ja pahoiksi. Filosofia Daniel C. Dennett esittää näin Tietoisuuden selitys-kirjassaan. Bakteerit ovat siinä mielessä kuolemattomia, että niillä ei ole ohjelmoitua vanhenemismekanismia. Ne tuhoutuvat ulkoisten syitten vaikutuksesta. Toinen, uskonnon kannalta tärkeä seikka, on seksin synnillinen luonne. Seksuaalinen lisääntyminen tapahtuu, kun kaksi oliota tuottaa jälkeläisen, jonka perintötekijät ovat yhdistelmä niiden molempien perintötekijöistä. Tällaisen lisääntymistavan myötä syntyi ohjelmoitu kuolema, jossa olion elimistö rappeutuu ajan myötä elinkelvottomaksi. Seksi on siis kuolemansynti, vaikka sitä harjoittaisi pelkästään lisääntyäkseen. Tiplerin mukaan pahuus syntyy täysin materiaalisten prosessien muodossa. Hän on kuitenkin luopio, joka on siirtynyt oikeauskoisten leiristä vääräuskoisten joukkoon, joten hänen selityksensä ei voi olla täysin oikea. Jos hän selittäisi asiat käyttämättä kristillisiä termejä ja jättäisi Raamatun tekstiin liittyvät perustelut pois, teoria kohenisi huomattavasti. Uskomme oppi-isäksi Tipleristä ei ole.

Minimaalinen molekulaarinen autonominen toimija

Stuart A. Kauffmanin kirjan Pyhän uudelleen keksiminen nimi kuulostaa materiataivaan lahjalta. Herää toivo, että siinä on keksitty jotain täysin materiaalista pyhää uskontomme tarpeisiin. Kirjan aiheena ei ole etiikan käsittely, vaan pyhän uudelleen keksiminen, mutta onneksi tämä vaatii myös moraalin alkuperään liittyviä keksimisiä.

Nouskaamme kuvitelmissamme hetkeksi saarnastuoliin, mistä näemme alhaalla olevan sanaa kuulemaan tulleen hartaan joukon. Saarnan aiheena on hyvän ja pahan perisynty, mistä kertomisen saarnaaja aloittaa kuvaamalla, miten arvot maailmaan ilmaantuivat ja miten Humen laki voidaan ohittaa tai ainakin kiertää, jolloin se ei enää uskoamme hierrä. Kansa on tottunut kuulemaan tarinointia, joissa kerrotaan, miten pimeys vallitsi, Jumalan henki liihotteli, Eeva tarjosi Aatamille hedelmää ja lopuksi jyristystä syntisistä ja heitä odottavista helvetin rangaistuksista. Nyt heille kerrotaan, että "olipa kerran minimaalinen molekulaarinen autonominen toimija. Tämä toimija oli itseliisääntyvä ja siinä oli yksi termodynaaminen työsykli. Sitä ympäröi rajoittava kalvo ja sillä oli yksi tai useampi reseptori ruuan tai myrkyn havaitsemiseksi. Se kykeni valitsemaan ja toimimaan." Otus kelvannee hyvin Eevan vastineeksi, ainakin Eevan esiäidiksi. Kun toimija liikkuu, sillä on tarkoitusperiä, esimerkiksi löytää sokeria saadakseen energiaa, siis ilmiselvä symbolinen hedelmä. Sokeri edustaa sille hyvän olemassaoloa, koska sen elossa pysyminen ja liikkuminen ovat siitä saadun energian varassa. Paha puolestaan on sokerin puutetta. Tästä lähtökohdasta on helppo kehittää selitykset moraalisen hyvän, moraalisen pahan, luonnollisen pahan ja seksiinkin liittyvän synnin synnyille yliluonnolliseen vetoamatta. Koska solu toteuttaa toimijan kriteerit, toimijuus, merkitys ja arvo ovat syntyneet evoluutiossa.

Laskeudumme saarnastuolista ennen saarnan loppua, varmuuden vuoksi, vaikka kuvitteellisen saarnaajan sinne hylkääminen kaduttaakin. Kirkkokansa ei ole tottunut tieteellisen kieleen, joten jos haluamme todella edistää materiauskoamme, joudumme opettamaan tämän minimaalisen molekulaarisen autonomisen toimijan jo pienille lapsille. Jotta se muistuttaisi enemmän Eevaa, siitä pitää kehittää monisoluinen versio, joka lisääntyy ehdottamalla toiselle toimijalle perintötekijöitten yhdistämistä. Mutta nämä ovat helposti ratkaistavissa olevia teknisiä kysymyksiä.

Humen laki nurin?

Kauffman pitää tieteen ja uskonnon välistä kuilua jostain ihmesyystä ikävänä asiana. Hän väittää myös, että humanististen tieteitten edustajat tuntevat alemmuuden tunnetta luonnontieteisiin nähden, mikä sekin on hänestä (ei ihan yhtä ihmeellisestä syystä) valitettavaa. Pahin syypää tähän on reduktionismi, jossa fysiikkaa pidetään kaikkien tieteitten äitinä ja ajatellaan, että muut voidaan ainakin periaatteessa palauttaa siihen. Fysiikka puolestaan redusoi kaiken hiukkasten liikkeiksi. Tällainen maailmankatsomus sisältää vain tapahtumia ja kieltää toimijuuden, merkitykset ja arvot. Näin ainakin Kauffman väittää. Kauffman ajattelee, että reduktionistisen tieteen ontologian mukaan vain hiukkaset ovat todella olemassa olevia. Humen laki pitää paikkansa tämän katsomuksen valossa. Mutta jos arvot voidaan osoittaa olemassa oleviksi yhtä vahvasti kuin mitä hiukkaset ovat, niin kenties Humen laki kumoutuu? Kauffmanin mielestä reduktionismi ei riitä selittämään edes kaikkia fysiikan ilmiöitä saati sitten biologian. Hän ei myöskään usko, että evoluutiota voidaan täysin selittää luonnonvalinnalla, vaan lisäksi tarvitaan itseorganisaation periaatteita. Kauffman on kompleksisuuden tutkija, joka on kehittänyt ajatuksia siitä, miten monimutkaisissa paljon tekijöitä sisältävissä systeemeissä ilmaantuu yllättäviä ja täysin ennustamattomia järjestyksiä, joita ei voida selittää ainakaan tuntemiemme luonnonlakien avulla.

Kauffman on antireduktionisti. Fyysikko Steven Weinberg on väittänyt, että kaikki fyysikot ovat pohjimmiltaan reduktionisteja, vaikka eivät sitä tietäisikään. Kyseessä on uskonnollinen oppiriita, jossa Kauffman haastaa vanhakantaiset uskovat uusilla ajatuksillaan. Hän käyttää perusteluissaan emergenssiksi kutsuttua ilmiötä. Se tarkoittaa, että "kokonaisuuden ominaisuudet eroavat laadullisesti osasten ominaisuuksista", mikäli Kari Enqvistiä on uskominen. Vahva emergenssi väittää, että näitä kokonaisuuden ominaisuuksia ei voi johtaa osasten ominaisuuksista. Kauffman nojaa vahvaan emergenssiin väittäessään, että toimijuus, merkitys ja arvot ovat biosfäärin emergenttejä olioita, jotka ovat olemassa yhtä vahvasti kuin fysiikan hiukkasetkin. Tai ainakin melkein? Hume on hänen mielestään sekä oikeassa että väärässä. Kauffman myöntää, että moraaliväitteet eivät ole tosia samassa mielessä kuin fyysistä maailmaa koskevat faktat, joten niitä ei voi johtaa fysiikasta. Mutta koska arvoilla on itsenäinen luonnontieteisiin perustuva olemassaolonsa, niin Humen laki ei siinä mielessä päde? Luovutan ja jätän ratkaisun herroille ja rouville moraalifilosofeille.

Biosfäärin Ennustamaton Emergenssi Jumalaksi Jumalan paikalle

Kauffmanilla on selkeä uskonnollinen päämäärä: tarkoituksettoman reduktionismin ja transsendentaalisen Luojajumalan välistä pitäisi löydettämän kolmas tie. Hän tarjoaa Jumalaksi Jumalan paikalle Biosfäärin Ennustamatonta Emergenttiä Luovuutta. Sitä kohtaan voi osoittaa kunnioitusta ja harrastaa hengellisyyttä niin, että kokee pyhyyden kosketuksen materiasielussaan. Toisaalta tämä Jumala ei ole kannattajiaan pyhiin sotiin yllyttävä Luojajumala, joka ylhäältä käsin sanelee ehdottomat moraalisäännöt, joita pitää kirjaimellisesti noudattaa. Tätä kautta tarjoutuisi kenties mahdollisuus luoda globaali etiikka, jonka kaikki voisivat uskonnollisista taustoistaan huolimatta hyväksyä.

Kauffmanin Jumalan tiet ovat käsittämättömiä, sillä biosfäärin kehitys on laitonta siinä mielessä, että se ei täysin noudata ainakaan tuntemiamme luonnonlakeja. Se on myös äärettömän luova ja on siinäkin mielessä uskonnollisen kunnioituksemme arvoinen. Sama ennustamaton luovuus hyörii taloudessa ja yhteiskunnassakin niin, että mitään ristiriidatonta moraalilakien joukkoa ei ole mahdollista luoda. Ne kehittyvät koko ajan eikä niitä voi etukäteen täysin ennustaa.

Kauffman ehdottaa, että moraalisessa päättelyssä pitäisi etsiä globaaleja Pareton optimaalisia toimintatapoja. Jätän yrittämättä sen selittämistä, koska luulen, että jo minimaalinen molekulaarinen autonominen toimija täytti esitykseni tieteelliset kriteerit varsinkin, kun kyseessä on pakina.

Aloin näitä aatoksia lukiessani miettiä sitä, miten Kauffmanin Jumala sopisi ajatukseeni kaksinaisesta Materian ja ihmisen liitosta. Ensimmäinen mieleeni tullut ajatus, jonka mukaan kenties pitäisi sittenkin harkita kolminaisuutta, säikäytti niin, että hylkäsin sen saman tien. Niinpä minun on torjuttava myös ajatus ujuttaa biosfääriJumala osaksi materiauskonnon perustaa.

Ajatus siitä, että monoteististen uskontojen kannattajat luopuisivat omista jumalakäsityksistään ja siirtyisivät Kauffmanin ehdottamaan versioon, on niin uskomaton, että se täyttää uskontojen ankarimmatkin kriteerit, mutta en silti pysty siihen uskomaan.

Luku 21 Nollajumala

Päästyäni kolminaisuudesta kaksinaisuuteen, aloin miettiä, olenko vasta puolitiessä. Platon esitti, että kun Jumala loi maailman, Hän järjesteli olemassa olevaa ainetta. Kristityt kirkkoisät keksivät heittää liiat pois ja sanoivat, että Jumala loi kaiken tyhjästä, ex nihilo. Uskonnottomat ovat karsineet pois Jumalan, mutta eivät materiaa. Tämän perusteella teistit väittävät, että tiede on uskontoa, koska siinä materia asetetaan Jumalan asemaan. Tämä väite menettäisi täysin voimansa, jos myös materia hylättäisiin. Ikävänä seurauksena siitä olisi, että myös Logos katoaisi. Tiukan tieteellinen tutkimukseni edellyttää, että en vetoa yliluonnolliseen tai henkiseen aineeseen, ainakaan mihinkään, mikä ei lähde materiasta. Kunnianhimoni vaatii, että haluan päästä kristinuskoa pidemmälle niin, että en vetoa enää mihinkään.

Esipuheessa esitin kuvaelman filosofista, joka keksi, että tosiolevainen on Yksi, josta ei voi tietää mitään, missä on liikaa sekä tuo Yksi että "siitä ei voi tietää mitään", koska siitä ei voi tietää edes sitä. Tämä uskomus on hankala nimetä. Mutta koska se on uskomus, jota haluan perustella, ristin sen alustavasti Nollaksi.

Ryhdyin tämä tavoite mielessäni tutkimaan tiedemiesten aivoituksia tarkoituksenani valita niistä premisseiksi ne, jotka johtavat tähän Nollaan. Vastaavaa loogista menetelmää, jossa johtopäätös lukitaan varmaksi etukäteen ja peruutetaan siitä tiukkaa johdonmukaisuutta käyttäen oletuksiin käyttävät kaikki pätevät uskonnon filosofit, joten miksi en siis minäkin.

Tiedän, että ennen pitkää joudun palaamaan ajassa taaksepäin alkuräjähdykseksi kutsuttuun tapahtumaan, jota teistit kutsuvat luomiseksi. Aloitan kuitenkin vaatimattomammalla aiheella, kertomalla, mistä fysiikan lait tulevat. Fyysikko Victor Stengerin mielestä ne ovat ihmisten tyhjän tutkimiseen perustuvia inhimillisiä tuotoksia. (Hän väittää, että ainakin yksi toinen tiedemies on samaa mieltä hänen kanssaan.) Väite on mainio ehdokas logiikkani premissiksi tai ainakin tarjoamaan tiedollista tukea Nollalleni.

Stengerin mielestä tyhjö ei ole ihan täysin "ei-mitään", koska sen kuvaaminen vaatii, että sille annetaan ominaisuuksia. Voimme ajatella, että se on avaruuden alue, josta on poistettu kaikki aine. Käytännössä siellä tehtävät fysiikan kokeet ovat ajatuskokeita, sillä mittalaitteet (kello ja metrimitta) ja mitattavan esineen vieminen sinne tarkoittaisi, että se ei enää ole tyhjö. Koska ajatuskin on materiaalista, se tekee tyhjöstä ei-tyhjän, mutta unohdan sen, koska muuten selitykseni tyssäisi tähän.

Huomaamme, että mittauskohteen voi sijoittaa mihin tahansa kohtaan tyhjöä eikä se vaikuta mittaustuloksiin. Samoin sen voi kiertää mihin kulmaan tahansa. Tyhjö on symmetrinen siirron ja kierron suhteen. Ajankohta, jona alamme mittaamisen, ei vaikuta tuloksiin, joten se on symmetrinen myös ajan suhteen.

Nämä tyhjön symmetriat pätevät myös avaruuteen, jossa on ainetta. Fysiikan säilymislait ovat niiden seurausta. Ajan siirron symmetriasta seuraa energian säilymislaki, symmetriasta paikan suhteen liikemäärän säilyminen ja symmetriasta kiertokulman suhteen kulmaliikemäärän säilyminen.

Ajan ja avaruuden yhteinen symmetria puolestaan johtaa erityiseen suhteellisuusteoriaan. Näin fysiikan lait ovat konkreettisesti syntyneet tyhjästä ja ihminen on ne luonut.

Maailmankaikkeuden voi ajatella olleen aluksi täydellisen symmetrinen aineeton tyhjiö ja symmetrioiden rikkoutuminen on tehnyt siitä sen, mikä se nykyisin on. Wilczek on esittänyt ajatuskulun, jonka mukaan jossain kohtaa syntyi vähemmän symmetrinen alue, joka alkoi levitä. Samalla syntyi ainetta ja energia väheni. Täydellinen tyhjyys on tila, jossa kaikki materia on energian muodossa. Koska luonnossa kaikki pyrkii vähimmän energian tilaan, tyhjyys on epävakaata ja häviää herkästi.

Stephen Hawkingin ja Leonard Mlodinowin Suuri suunnitelma-kirjassa on esitetty saman tyyppinen hahmotelma. Tavoitteeni kannalta ikävä tosiasia on, että täysin tyhjää avaruutta ei voi olla olemassa. Hiukkaset ja kentät värähtelevät siinä olemassaolon rajamailla, mikä selitetään siten, että avaruuteen syntyy virtuaalihiukkasia, jotka elävät pienen hetkosen, jonka keston Heisenbergin epätarkkuus rajaa.

Maailmankaikkeudella kokonaisuudessaan on energiaa, jonka määrä pysyy vakiona. Jokaisen aineellisen kappaleen kasaamiseksi täytyy tehdä työtä, mikä tarkoittaa, että tyhjän avaruuden ympäröimän kappaleen energia on positiivinen. Tämä johtaa siihen, että tyhjä avaruus on paikallisesti vakaa eikä sinne ilmaannu kappaleita tyhjästä. Gravitaation energia on negatiivista, mikä näkyy siinä, että esimerkiksi Kuun kiskominen erilleen Maasta vaatisi työtä, siis positiivista energiaa. Tähdillä puolestaan on negatiivista energiaa enemmän kun Maan kaltaisella planeetalla, mutta jos negatiivisen määrä kasvaa suuremmaksi kuin sen positiivisen, tähti luhistuu mustaksi aukoksi. Tähdet ja mustat aukot eivät voi syntyä tyhjästä, mutta kokonainen maailmankaikkeus voi.

Maailmankaikkeuden synty on kvanttitapahtuma, joten sen selittämiseen käytetään sekä kvanttifysiikkaa että suhteellisuusteoriaa. Planckin aika, pituus, massa ja energia ovat rajoja, joitten taakse fysiikan teoriamme eivät ulotu. Jos lähdemme Planckin aikaa pienemmästä ajanhetkestä ja pallosta, jonka halkaisija on Planckin pituutta pienempi, tietämyksemme loppuu näihin rajoihin. Mistään nollatilavuuden singulariteetista ei myöskään voi puhua, koska singulariteetti on suhteellisuusteoriaan kuuluva käsite eikä sitä voi käyttää kvanttifysikaalisessa selityksessä. Suhteellisuusteoria kertoo, että aika on avaruuden ulottuvuus, joten se voi sekoittua kolmen tilaulottuvuuden kanssa. Äärimmäisissä oloissa aika voi kaareutua niin voimakkaasti, että se käyttäytyy samoin kuin nämä tilaulottuvuudet. Käytettävissä fysiikan kaavoissa aika esiintyy imaginaarilukuna. Varhaisessa maailmankaikkeudessa oli käytännössä neljä avaruusulottuvuutta, mutta ei aikaa.

Ajan alkamisesta alkuräjähdyksen myötä ei näin ollen voi puhua. Ei voi sanoa, että aika syntyi jossain vaiheessa, koska se oli koko ajan olemassa yhtenä avaruusulottuvuutena, joka sitten muuttui aikaulottuvuudeksi maailmankaikkeuden laajetessa riittävästi. Vaikka universumimme sinänsä ei ole ikuinen, vaan 13,7 miljardia vuotta vanha, sillä ei silti ole alkua eikä loppuakaan, vaikka se joskus kasaan romahtaisikin. Nähtävästi meidän on edelleen käytettävä kristinuskon kehittämää mallia, missä meillä on käytössä mahdollisuudet syntymätön, syntynyt ja lähtenyt, mitkä kaikki ovat silti yhtä ikuisia. Materia energian muodossa voi olla tämän syntymätön ikuinen, aineen muodossa oleva materia siitä syntynyt ja universumi kai sitten se lähtenyt osapuoli.

Syntyikö universumi tyhjästä?

Universumin kokonaisenergia on nolla kvanttifysiikan esittämän epätarkkuuden rajoissa, koska negatiivinen gravitaatioenergia kumoaa positiivisen aineeseen sidotun energian. Maailmankaikkeuden sähkövaraus on nolla, koska negatiivisia ja positiivisia hiukkasia on yhtä paljon. Nämä faktat tukevat Nollaani ja samalla kaksinaisuuttakin, koska ne yhdessä ynnäävät nollaksi. Joka tapauksessa mitään ulkoapäin syötettyä energiaa ei tarvittu aineen ja energian tuottamiseksi. Samoin mitään syytä ei tarvita, vaan alkuräjähdys räjähtää luonnostaan, ei yliluonnostaan. Jos oletamme, että maailmankaikkeus on ääretön, matematiikka tarjoaa lisää nollia. Maapallon, Aurinkokunnan tai galaksimme kaikki mitat ja massat suhteessa maailmankaikkeuteen ovat nollia, sillä kun äärellinen jaetaan äärettömällä, tulos on nolla. Onko siis mahdollista nykyfysiikan teorioihin vedoten väittää, että universumi syntyi ei-mistään? Tai että aika alkoi sen syntyessä? Näyttä siltä, että ei ole. Asiaa monimutkaistaa ajatus, että mahdollisia maailmankaikkeuksia on valtava määrä. Säieteoria tarjoaa 10^{500} mahdollista. Näissä eri maailmankaikkeuksissa vallitsevat erilaiset luonnonlait, jotka niiden mahdolliset asukit saavat muotoilla oman maailmankaikkeutensa sallimissa rajoissa.

Kokonaisuutta ajatellen on perustellumpaa väittää, että oma universumimme ei ole ikuinen, mutta koko multiversumi on. Pitkän päälle voi olla, että koko ikuinen - sana täytyy käsitteenä hylätä ja keksiä tilalle joku muu sana, joka antaa asiasta paremman mielikuvan.

Nolla – hypoteesini ei saa täyttä tukea maailmankaikkeuden synnyn teorioista. Niinpä muutan näkökulmaa ja lähden hakemaan niitä suoraan materian olemuksesta.

Turvaudun filosofisiin keinoihin. Hawking puhuu malliriippuvaisesta realismista ja välttää väittämästä, että fysiikan teoriat kuvaavat todellisuutta sellaisenaan. Kehittämällä mallin, jonka mukaan materiaa ei ole, se saadaan ainakin näin filosofisessa mielessä hävitettyä.

Fyysikot määrittelevät aineen karkeasti jonain, joka potkaisee takaisin kun sitä potkaistaan. Aineen perushiukkaset eivät ole selviä silmin tai edes minkään mikroskoopin avulla nähtäviä olioita. Ne ovat "muuttujien joukon käsitteellisiä kantajia", jotka havaitaan niiden mittalaitteisiin kohdistamien vaikutusten kautta. Jotain on olemassa tai jollain on merkitystä vain, kun se vuorovaikuttaa jonkin toisen kanssa. Ihminen ei koe mitään "suoraan" aistiensa välityksellä, vaan aivojen erilaiset prosessit muokkaavat aistien antaman datan ja esittävät ne vasta sitten tietoisuudelle. Fysiikan empiria saadaan nykyisin yleensä mittalaitteitten kautta, mikä lisää kokemuksen epäsuoruutta. Varsinkin kvanttifysiikassa mittaus myös vaikuttaa ilmiöön niin, että luonnon tarkkailu sen kulkua muuttamatta on mahdotonta. Niin kuin Aristoteles jo meille kertoi. Jokainen partikkeli on määritelty suhteessa johonkin muuhun, jota käytetään sen tutkimiseen. Jos laite, vaikka geiger-laskuri, klikkaa, partikkeli on havaittu. Kvanttitasolla voimme väittää (jotkut jopa tekevät niin), että partikkeli ei aiheuttanutkaan klikkausta. Kvanttifysiikan mukaan partikkeli voi sekä olla olemassa että olematta samanaikaisesti. Samoin se voi olla useassa eri paikassa yhtä aikaa. Fotoni voi siis sekä osua havaintolaitteeseen että olla osumatta samanaikaisesti. Ei pidä sanoa, että fotonin heijastuminen aiheutti klikkauksen, koska tiedämme että fotoni meni sen läpi. Klikkauksella ei ollut aiheuttajaa ollenkaan ja sen takia ei ollut mitään partikkeliakaan? Normaali joka päivän käyttökieli on täysin riittämätön kuvaamaan asiaa oikein. Tekisi mieli sanoa, että kai fotoni ainakin puoliksi on syypää klikkaukseen ja että näin saadaan sentään havainnon puolikas, mistä syystä meillä on ainakin syyn puolikas. Kuulostaa ihanan uskomattomalta uskontomme tarpeisiin, joten päätän uskoa näin.

Ainakin voin väittää, että malliriippuvaisen realismin näkökannalta universumissa ei ole mitään sellaista partikkelia, joka on olemassa ilman sitä havaitsevaa laitteistoa. Käytän kokoustamisen köyhän henkilön versiota, jossa pakinoitsija itse päättää, mikä on totta: universumissa ei ole partikkeleita ja niistä koostuvaa materiaa ollenkaan. Tämä materia, jota ei edes ole, on syntynyt tyhjästä ilman mitään syytä.

Informaationäkökanta

William Dembski :" – informaatio, jonka Jumala puhui luodessaan maailman, informaatio, joka jatkuvasti lähtee Jumalasta maailman ylläpitämiseksi, ja informaatio, joka liikkuu ja luotujen välillä -- on silta, joka yhdistää tuonpuoleisen ja tämänpuoleisen, transsendentin ja immanenssin."

Informaation asettaminen materian edelle tuntuu palaamiselta jumaliin perustuviin selityksiin, jossa jokin informaatioksi kutsuttu henkiaines lorisi yliluonnollisesta lähteestään ja loi materian. Kun Seth Lloyd kertoo kirjassaan Programming the Universe (Universumin ohjelmointi), että informaation ja energian roolit täydentävät toisensa siten, että energia saa fysikaaliset systeemit pelaamaan ja informaatio neuvoo, miten pelata, hän esittää harhaopilta haiskahtavan ajatuksen.

Dembski esittää informaation säilymisen lain ja muita sen syntyyn liittyviä väitteitä yrittäessään todistaa, että elämän synty ja kehitys vaativat älykkään agentin ohjausta. Sattuma ja luonnonlait eivät hänen mielestään voi synnyttää täsmällistä ja monimutkaista informaatiota, jota elämän syntyminen on edellyttänyt.

Näistä asioita enemmän tietävät ovat todenneet, että Dembski sotkee asiat käyttämällä perinteistä informaation teoriaa sekaisin merkityksellisen viestin käsitteen kanssa. Informaatioteoria käsittelee informaation lähettämiseen, siirtoon, tallennukseen ja virheitten korjaukseen liittyvistä asioista, eikä kerro mitään tarkoituksellisista sanomista, joita varsinkin Jumalan luulisi lähettävän. Sen käsittelyn toimenpiteet vaativat aina materiaalisia välineitä, joiden rakenteeseen se on uutettu, joten mistään aineettomasta ja abstraktista Luojan informaation tarjonnasta ei voi puhua.

Informaation määrä ilmoitetaan bitteinä. Jos lähetetään tekstiä, joka sisältää merkityksellisen sanoman, sanoman bitit saattavat häiriöitten takia sotkeutua. Vastoin arkisen järjen oletusta informaation määrä kasvaa, vaikka sanoman merkityksestä osa häviää. Täysin satunnainen jono merkkejä sisältää maksimimäärän jonolle mahdollista informaatiota, jonka määrä ei voi muuttua, mutta yleensä siirto lisää sitä.

Informaation olemassaolo vaatii kaksi vaihtoehtoa: 0 tai 1, kyllä tai ei. Jos uskotaan, että universumi syntyi alkuräjähdyksessä, jota ennen ei ollut mitään, sitä edeltävän tilan kuvaamiseen tarvittavan informaation määrä oli nolla. Näissä fysikaalisissa kuvauksissa informaatio selitetään siten, että entropia on samaa kuin meille näkymätön fysikaalisten systeemien kantama informaatio. Informaatio siis joka kasvaa tai pysyy samana, mutta ei vähene.

Bittipamaus

Universumin laajetessa informaation määrä kasvoi, joten jos uskotaan sen lähteneen nollasta, Big Bang on myös bittipamaus Bit Bang. Informaatio on siis tyhjästä syntynyttä sekin. Atomin kantama informaatio sisältää tiedot sen paikasta ja nopeudesta. Kun universumi jäähtyi, alkeishiukkaset muodostivat atomeja ja niiden nopeus samalla pieneni. Nopeuden ilmaisemiseen tarvittavien bittien määrä pieneni, mutta koska avaruus samalla laajeni, paikan kertominen vaati enemmän bittejä.

Universumin energia muutti muotoaan laajenemisen yhteydessä, joten se samalla toimi tietokoneen tavoin: se käsitteli, muutteli ja säilöi informaatiota. On arvioitu, että sekunnin miljardisosan kuluttua pamauksesta se oli komputoinut 10^{67} alkeisoperaatiota rekisteröimilleen biteille. Seth Lloydin versiossa Jumala, joka syöttää järjestystä luovaa informaatiota, on kvanttiheilahtelujumala. Elämän ja älykkyyden luomiseen riittää kvanttitiekoneena toimiva universumi, joka suorittaa yksinkertaisia, lähes triviaaleja operaatioita yhä uudelleen ja uudelleen. Satunnaiset bittijonot voivat tuottaa järjestystä, mistä esimerkkinä on galaksien syntyminen: alkuajan tasaiseen universumiin syntyi kvanttiheilahtelujen seurauksena pienen pieniä epätasaisuuksia, paikkoja, joissa aineen tiheys oli hieman suurempi kuin muualla. Nämä riittivät siemeniksi galaksien syntyyn painovoiman vaikutuksesta.

Ihmisen genomin DNA sisältää informaation, joka ohjaa yksilön kehittymisen. Sen määrä on n. kuusi miljardia bittiä. Lapsi saa DNA:nsa isältään ja äidiltään, mutta tämä DNA:n täsmällinen sisältö syntyy isän siittiösolun ja äidin munasolun muodostuessa rekombinaatioksi kutsutussa prosessissa. Sen kemialliset vaiheet voidaan jäljittää kvanttimekaniikkaan, joten kvanttiheilahteluilla on osuutensa mahdollisissa uusien geenien synnyssä.

Jos universumi halutaan selittää informaation avulla, voidaan siis väittää, että informaatio syntyi tyhjästä. Samalla universumikin syntyi tyhjästä.

Mieltäni tosin kaivertaa hämärä epäilys, että selostukseni sisältää loogisia virheitä. Lohduttaudun sillä, että teologit ovat hylänneet keskiajan skolastikkojen uskomuksen, jonka mukaan Jumala ei pysty luomaan ristiriitaisia asioita. Kvanttifyysikot esittävät myös opeissaan luonnon käytöstä koskevia väitteitä, joita skolastikot olisivat pitäneet mahdottomina luomuksina. Miksen siis minäkin, joka olen pelkkä pakinoitsija?

Uskon näin päässeeni kunnianhimoiseen tavoitteeseeni: Ei-kukaan loi 13,7 miljardia vuotta sitten ei-mitään. Hän loi sen ei-mistään. MOT.

Luku 22 Logoksen uusin versio

Kaksi maailman ymmärrettävyyden selitystä:

Teistit: Hyvä, kaikkitietävä ja kaikkivaltias jumala on luonut ihmisen ja ihmisen älylliset kyvyt sopiviksi tehtäviinsä. Tämä takaa ihmisen älyllisten kykyjen luotettavuuden... jos todellisuuden järjestys ei perustu kaikkitietävän Jumalan älykkääseen suunnitelmaan, ei ole syytä olettaa ihmisen älyllisten kykyjen kehittyneen sellaisiksi, että niiden avulla on mahdollista saada luotettavaa tietoa.

David Deutsch ja Turingin periaate: On olemassa abstrakti universaali tietokone, jonka ohjelmistossa on jokainen laskutoimitus, jonka fysikaalinen esine voi suorittaa.

Logos oli nimi maailman ymmärrettävyydelle. Uskontojen edustajat katsovat, että maailman ymmärtäminen on samaa kuin Jumalan ymmärtäminen. Kristittyjen Logos on Kristus, joka käväisi Maan päällä Jumalaa selittämässä. Teistit yrittävät kiteyttää Logoksen muodon ikuisiksi ajoiksi estämällä sen muuttumista keinoin, joilla ei ole mitään tekemistä minkään älyllisen kanssa.

Luonnontieteen selitykset maailmankaikkeudesta ja sen ilmiöistä muuttuvat koko ajan, joten Logoskin muuttaa muotoaan samaa tahtia.

Evolutiivinen maailman ymmärrettävyyden selitys lähtee siitä, että selvitäkseen elossa olioitten aistien ja aivojen on pakko käsittää ympäristönsä oikein. Aivot ovat siten kehittyneet varmistamaan ihmisen välitöntä elossa pysymistä ja lisääntymistä, minkä näkee väkivaltaa ja seksiä sisältävien elokuvien suosiosta. Nämä puuhat eivät ole tiedettä. Toisaalta ne edellyttävät ennustamiskykyä, jonka perusteella liikkuminen vaaran uhatessa tapahtuu vaistojen varassa. Aivojen muisteissa täytyy olla malli maailmasta, jonka perusteella ennusteet tulevasta tehdään. Sitä voi kutsua virtuaaliseksi todellisuudeksi tai lumetodellisuudeksi, mitkä termit liittyvät yrityksiin synnyttää tietokoneitten avulla aivoihin kokemus jossain ympäristössä olemisesta.

Tieteen asioitten, vaikkapa luonnonlakien, ymmärtäminen on hankalampi selittää evolutiivisesti, mutta sillä lienee jotain tekemistä näitten aivojen sisäisten virtuaalitodellisuuksien kanssa. Ne nostavat ajattelun irti konkreettisesta kohti abstraktion tasoja. Alussa esitetty ymmärryksen uskonnollinen selitys on liian helppo ollakseen oikea. Deutschin versio on myös yritys selittää tätä ymmärtämistä. Kun sen lukee ensi kertaa, täytyy olla melkoinen neropatti, jotta edes tajuaisi sen selittävän samaa asiaa saati sitten, että miten se sen selittää. Tästä syystä se epäilemättä on lähempänä totuutta. Kerron teille, miten käsitän sen, mikä ei tarkoita, että minä käsitän sen.

Dennettin torni

Filosofi Daniel C. Dennett on esittänyt Kehitä ja kokeile – torniksi ristityn kuvauksen ihmisen älyllisten kykyjen kehityksestä. Tämä pelkistetty hahmotelma kertoo, että tornin juurella ovat darwinilaiset olennot. Mielivaltaiset mutaatiot ja geeniyhdistelmät tuottivat organismiehdokkaita, joista luonnonvalinta erotti selviytyjät.

Nämä syntyessään valmiiksi ohjelmoidut olennot saivat seuraajia, joilla oli kyky mukautua ympäristön olosuhteisiin. Ne kokeilivat eri toimintoja ja jos ne pystyivät huomaamaan onnistuneet vaihtoehdot ja yrittivät niitä vastaavissa tilanteissa, niiden mahdollisuudet selvitä paranivat. Nämä ovat skinneriläisiä ehdollistujia.

Olento, joka pystyy valitsemaan ennakolta, kokeilematta, vaihtoehtojen joukosta parhaan, on popperilainen otus. Sillä täytyy jo olla sisäisen virtuaalisen maailman tuottava ohjelma, jonka avulla se saattoi kuvitella ennakolta valintojensa seuraukset.

Työvälineitten käyttöönotto lisäsi ihmisten älykkyyden tehoa huomattavasti. Kynän ja paperin kaltaiset apukeinot ovat oleellisia puhumattakaan sanoista, jotka ovat työvälineistä tärkeimmät. Dennett nimeää niiden käyttäjät gregorilaisiksi olennoiksi. Me olemme niitä.

Lewis Wolpert väittää, että tieteellisen ajattelun vaatima syitten ja seurausten oivaltaminen kehittyi työkalujen käytön myötä, mikä tarkoittaa sitä, että samalla myös itse aivojen älykkyys kasvoi.

Käytämme tietokoneita ajattelun tukena. Siinä mielessä olemme jo turingilaisia olentoja. Klassinen tietokone ei vielä ole niin iso loikka kuin mihin kvanttitietokoneitten kykyjen uskotaan johtavan, joten ehkä meidän pitää odottaa, josko ne onnistutaan rakentamaan ennen lopullisen siirtymän julistamista.

Kvanttifysiikan myötä olemme myös ottaneet aurinkokeskisen universumin tajuamisen veroisen loikan, jossa maailmankuva muodostuu äärettömän monista rinnakkaisista universumeista. Tämä loikka on tosin kesken niin, että olemme tällä hetkellä ilmassa emmekä tiedä putoammeko koskaan turvallisesti maan kamaralle. Teorian oikeaksi osoittaminen voi osoittautua mahdottomaksi.

Turingin koneista kvanttitietokoneisiin

Alan Turing (k. 1954) on tietokoneitten teorian kehittäneistä henkilöistä tärkeimpiä matemaatikko John von Neumannin ohella. Hän mietti sitä, mitä paperia ja kynää käyttävä henkilö tekee laskiessaan. Jakolasku suoritetaan algoritmin avulla, jossa laskija noudattaa joukkoa täsmällisiä sääntöjä täysin mekaanisesti. Hän kehitti abstraktin ajattelukoneen, jossa paperiarkki korvataan loputtoman pitkällä ruutuihin jaetulla nauhalla, jonka ruutuihin merkitään yksi symboli äärellisestä symbolien määrästä kerrallaan. Tietokoneissa nämä symbolit ovat bitit 0 ja 1. Koneessa on lukupää, joka siirtyy ruutuja pitkin ja kirjoittaa ruutuun jonkun merkin. Lukupää on jossain tilassa eli konfiguraatiossa, jotka on määritelty säännöissä, koneen algoritmissa, jota kutsutaan nykyisin ohjelmaksi. Turing todisti tällä, että laskeminen on fysikaalinen toimitus. Jotkut matemaatikot väittävät, että koska päättymättömän desimaaliluvun kaltaista reaalilukua ei kone pysty laskemaan, sitä ei ole olemassa.

Universaali Turingin kone tarkoittaa konetta, joka pystyy suorittamaan kaikki tehtävät, joihin mikä tahansa toinen Turingin kone pystyy. Kone voidaan käytännössä rakentaa mitä tahansa aineellista prosessia käyttämällä. Periaatteessa yksittäisen atomin ominaisuudet riittävät vaikka Windowsia pyörittämään, jos aikaa on käytössä riittävästi.

Klassinen tietokone käyttää puolijohteista rakennettuja loogisia portteja bittien manipulointiin. NOT-portti vaihtaa sen kautta kulkevat bitit siten, että 0 muuttuu bitiksi 1 ja 1 bitiksi nolla. Mikä tahansa looginen piiri voidaan toteuttaa AND- , OR- , COPY- ja NOT-porteilla.

Atomi, jonka ulommalla kuorella on yksi elektroni, toimii NOT-porttina.

Kun siihen kohdistetaan tietyn taajuista valoa, se virittyy, mikä tarkoittaa elektronin hyppäämistä vielä kauemmas ytimestä. Uusi valopulssi purkaa virityksen ja elektroni palaa takaisin omalle kuorelleen. Pulssi siis vaihtaa tilan.

Jos atomiin kohdistetaan valoa puolet nostamiseen vaaditusta ajasta, tuotu energia ei riitä nostamaan elektronia korkeammalle energiatasolle. Elektroni on kahdella kuorella samanaikaisesti. Sen sanotaan olevan superpositiossa. Tällainen puolen pulssin toiminto saa aikaan loogisen portin $\sqrt{NOT}$, koska jos se toteutetaan kahdesti peräkkäin, saadaan NOT-portti: $\sqrt{NOT} \times \sqrt{NOT} = NOT$. Tämä portti on kvanttitietokoneen portti. Kvanttitietokoneissa kubitit korvaavat bitit. Sata kubittia kuvaa samanaikaisesti noin 10^{30} lukua. Klassisessa tietokoneessa tämä vaatisi muistia 100 miljoonaa miljoonaa gigatavua.

Kvanttikoneen tehokkuus perustuu kvanttifysikaalisiin ilmiöihin interferenssiin, superpositioon ja lomittumiseen. David Deutsch uskoo multiversumiin ja selittää, että kvanttikone käyttää laskemiseen rinnakkaisia maailmankaikkeuksia. Laskeminen on fysikaalinen prosessi, joka vaatii aineellisen perustan. Meidän universumissamme on 10^{80} hiukkasta, mikä asettaa sen laskentakyvylle rajat. Mutta jos multiversumissa on 10^{500} rinnakkaista kaikkeutta, laskennan resurssit kasvavat lievästi sanoen huimasti, vaikka nämä kaikki eivät suostuisi laskentaan osallistumaan.

Onko universumi tietokone?

Kvanttitietokoneitten kehitys on alkuvaiheissaan. Toistaiseksi on saatu aikaan hyvin yksinkertaiseen laskemiseen pystyviä koneita. Kokeita tehdään mm. fotoneilla, joitten polarisaatiotasoa käännellään tarpeen mukaan. Koska suhteellisen yksinkertaiset luonnossa luonnostaan esiintyvien fysikaalisten prosessien voidaan ajatella toimivan kvanttikoneen portteina, voisi kuvitella, että ne samalla ovat pieniä tietokoneita. Seth Lloyd on väittänyt, että melkein mikä tahansa muuttuu kvanttitietokoneeksi, jos siihen kohdistetaan oikeanlainen valo.

Leonard Adleman keksi, että Turingin koneessa lukupään kulku pitkin digitaalista informaatiota sisältävää nauhaa muistuttaa sitä, miten geeni valmistaa proteiineja kulkemalla pitkin DNA-nauhaa, joka sekin sisältää digitaalista A, C, G, ja T – emästen säilömää informaatiota. Solun DNA:ta käsittelevä koneisto on nanotietokone. Adleman lasketti DNA:lla pienehkön tehtävän, jolla hän osoitti, että DNA:n käyttö klassisena tietokoneena on käytännössä mahdollista. Jotkut aivojen toimintaa selittävät tutkijat pitävät sitä analogisena klassisen tietokoneen kanssa, toiset kvanttikoneen kanssa niin, että ainakin toiminnoista osa, mm. vapaan tahdon mahdollistava, perustuu kvanttifysiikkaan. Kaikki eivät hyväksy minkäänlaista rinnastusta tietokoneen toimintaan. Aivoista on lyhyt matka koko universumiin. Ed Fredkin uskoo, että koska fysiikan lait sallivat universaalin tietokoneen rakentamisen, maailmankaikkeus itse perustuu laskennalliseen prosessiin. Hän pitäytyy klassisessa tietokoneessa ajatellen, että maailmankaikkeus on tietokoneen ajama ohjelma. David Deutsch torjuu tämän sanomalla, että jos fysiikan lait ovat vain tietokoneohjelman piirteitä, tietokoneen laitteistosta ei ole mahdollista saada tietoa. Ajatus ei selitä mitään, sillä tässä tapauksessa taustalla oleva fysiikka, johon ohjelman ajava tietokone perustuu, ei saa olla tietokoneessa ajettava ohjelma eikä siitä puolestaan voi saada mitään tietoja.

Deutschin mielestä maailmankaikkeus sisältää tietokoneita, jotka suorittavat laskutoimituksia. Hänen pitää matematiikkaa fysiikan haarana, joten matemaattinen tieto riippuu täysin fysiikkaa koskevista tiedoistamme. Hänen mukaansa Turingin periaate on maailman ymmärrettävyyttä koskevien selitysten takana: "Turingin periaatteeseen mukautumalla fysiikan lait tekevät fysikaalisesti mahdolliseksi sen, että fysikaaliset esineet voivat tuntea nämä lait. Fysiikan lait synnyttävät oman käsitettävyytensä."

Seth Lloyd sanoo, että perinteisen näkemyksen mukaan universumi ei ole mitään muuta kuin alkeishiukkasia. Hänen mielestään on yhtä totta, että se ei ole mitään muuta kuin kubitteja. Universumi rekisteröi ja prosessoi informaatiota kuten kvanttitietokone eikä sen muodostamaa simulaatiota universumista voi erottaa universumista itsestään. Näin ollen maailmankaikkeutta on pidettävä kvanttitietokoneena.

Frank Tipler ja ylösnousemukset

Frank Tipler on ottanut kvanttifysiikan ja tietokoneet tosissaan ja selittänyt kristinuskon ihmeitä tätä kautta. Hän kertoo meille, että ihmisen sielu on aivot -nimisessä tietokoneessa pyörivä tietokoneohjelma. Kun ihminen kuolee, aivot -tietokone tuhoutuu ja sen ohjelma lakkaa pyörimästä. Koska tätä ohjelmaa ei pystytä vielä tallentamaan mihinkään materiaaliseen alustaan, sielu kuolee myös. Tipler myöntää, että emme tällä hetkellä tiedä, mitä tietoisuus tarkoittaa. Hän ehdottaa ihmisen sieluohjelman siirtämiseen tietokoneeseen menetelmää, jossa sitä ei tarvitse tietääkään. Nanoteknologia mahdollistaa ennen pitkää, että ihmisen aivojen neuronien paikoista, tiloista ja yhteyksistä voidaan tehdä tarkka kartta, joka sitten siirretään riittävän tehokkaan tietokoneen ohjelmaksi. Ja kas, siinä on ihmisen downloudaus tietokoneen sisään, ihmisen kopio, jonka Tipler sanoo olevan tuo ihminen itse. Hän tehostaa väitettään syyttämällä eri mieltä olevia rasisteiksi. Tipler on varma siitä, että ihmiskunta varsin pian tuhoaa itsensä. Hän toivoo, että ennätämme sitä ennen siirtää sielumme itsekseen lisääntyvien ja kehittyvien robottien mieliksi ja lähettää ne universumia valtaamaan. Iäisyyksien kuluttua jäljellä ovat meidän älylliset jälkeläisemme, robotit tai kenties vain tietokoneena toimivan universumin uumenissa piilevät bitit tai kubitit.

Lopulta universumi romahtaa kasaan, Omega-pisteeksi kutsuttuun olemattomuuteen. Kaikki on kaaosmaisessa tilassa, jota vain alkeishiukkaset ja gravitaatio kestävät. Energiaa on tarjolla rajaton määrä, joten universumimahtikompuutteri pystyy, jos sen käyttäjät niin haluavat, luomaan sisuksiinsa kaikkia mahdollisia DNA-yhdistelmiä vastaavat ihmiset ja näille virtuaaliset ympäristöt ja virtuaaliset läheiset. Jopa niin, että vaimo on kauniimpi naaras ja aviosiippa uljaampi uros kuin ikinä entisessä elämässä. Elämä on ikuista siinä mielessä, että mahtikompuutterin prosessorin nopeus on ääretön. Se pystyy luomaan ihmisten elosteluun äärettömän määrän tapahtumia äärettömällä nopeudella. Koska ajan kokemus on subjektiivinen, tapahtumiin liittyvä, niin elämä on ikuista, vaikka kestääkin sekunnin quadriljoonasosan quadriljoonasosan ...

Tämän Omegapisteen rajalla oleva ihmisten tai heistä periytyvien älyllisten olentojen yhteisö on lähes kaikkitietävä ja kaikkivoipa, joten Sehän on itse Jumala? Loppuvaiheessa Se myös täyttää koko avaruuden, joten Se on kaikkialla läsnä oleva. Tosin tämä Jumala on täysin materiaalinen ja joutuu sopeutumaan fysiikan lakeihin, mutta ainakin se on riittävän Uskomaton. Tosin se ei pysty kuulemaan nykyihmisten rukouksia saati sitten niihin vastaamaan, pahanlaatuisia puutteita siis. Meidän aikamme ihmisten elämä tuntuu Omegapisteen älykkyyden kehitystason valossa perin alkeelliselta ja raa'alta. Heidän hyväntahtoisuudestaan riippuu, haluavatko he yleensä antaa uuden elämän moisille alkuihmisille. Kenties he sallivat uudelleensyntyneille sieluillemme miellyttävät ympäristöt, joista epämiellyttävät asiat on karsittu pois. Toisaalta pelkään, että luovat meidät tv-ohjelmikseen ja naureskelevat touhuillemme kuten me naureskelemme Hauskojen kotivideoitten kommelluksille. Tai jos oikein pessimisteiksi heittäydytään, he kenties päättävät, omaksi ajanvietteekseen, sodittaa virtuaalimeikäläisillä historian verisimmät sodat yhä uudelleen ja uudelleen.

Niinpä joudumme olettamaan, että Omegapisteen Jumala on hyväntahtoinen, jotta tähän ylösnousemuksen versioon voisi uskoa. Tai edes toivoa sitä.

Turvalauseet

Tämän tyyppiseen kirjaan kuuluvat olennaisena osana turvalauseet. Olkoot ne seuraavat:

Logoksen inkarnointi Jeesukseksi on käytännön tarpeitten sanelema hypoteesi, joka selittää paremmin kuin todella elänyt Jeesus kristinuskon oppineitten tieteitten suosimisen.

Uskonnottoman näkökulmasta on sama, onko Jeesus sepitetty hahmo vai ei, sillä uskonnoton pitää sekä Hänen että Jumalan jumaluuksia ihmisten keksintönä.

Kaikki tässä kirjassa esiintyvät virheet ovat pakinallisista syistä tahallisia, vaikka en itse niistä tietäisikään.

Loogiset virheet eivät ole virheitä, vaan porsaslogiikkaa.

Tauno Olavi

Kirjallisuudesta

Uskonnon historiaa:

Karen Armstrong: Jumalan historia. Ajatus Kirjat Gummerus Kustannus Oy
Pascal Boyer: Ja ihminen loi jumalat. WSOY
Robert M. Price: The Incredible Shrinking Son of Man. Prometheus Books
(Evankeliumien luotettavuuden tarkastelua)
Tietoja Filon Aleksandrialaisesta ja logoksen osuudesta kolminaisuusopin kehityksessä olen hakenut internetistä mm. filosofi Marian Hillarin kirjoituksista.

Tärkeimmät lähteeni tieteen ja uskonnon suhteitten historiasta ovat Edward Grantin kirjat:
Edward Grant: Science & Religion. The Johns Hopkins University Press
Edward Grant: The Foundations of Modern Science in the Middle Ages. Cambridge University Press
Edward Grant: God and Reason in the Middle Ages. Cambridge University Press

James Hannam: God's Philosophers. Icon Books

Kirjoja tieteen ja uskonnon suhteesta nykyaikana:

Victor J. Stenger: God the Failed Hypothesis. Prometheus Books
Victor J. Stenger: Has Science Found God. Prometheus Books
Victor J. Stenger: The New Atheism. Prometheus Books
Victor J. Stenger: The Unconscious Quantum. Prometheus Books
Victor J. Stenger: Quantum Gods. Prometheus Books

Nykyajan kosmologiasta ja fysiikasta

Kari Enqvist: Monimutkaisuus, Kosmoksen hahmo ja Todellisuuden porteilla. WSOY

David Deutsch: Todellisuuden rakenne. Terra Cognita
Stephen Hawking: Maailmankaikkeus pähkinäkuoressa. WSOY
Stephen Hawking ja Leonard Mlodinow: Suuri suunnitelma. WSOY
Victor J. Stenger: The Comprehensible Cosmos. Prometheus Books
Vlatko Vedral: Decoding Reality. Oxford University Press

Biologiasta ja evoluutiosta:

William R. Clark: Kuoleman toiset kasvot. Art House
Richard Dawkins: Geenin itsekkyys. Art House
Richard Dawkins: Sokea kelloseppä. WSOY
Stuart A. Kauffman: Pyhän uudelleen keksiminen. Terra Cognita
Juha Valste: Apinasta ihmiseksi. WSOY
Lewis Wolpert: The Unnatural Nature of Science. Harvard University Press
Lewis Wolpert: Six Impossible Things Before Breakfast. faber and faber

Uskontoa tieteelliseksi yrittäviä kirjoja:

Paul Davies: Kultakutrin arvoitus. Ursa
William A. Dembski: Älykkään suunnitelman idea. Datakirjat
Tapio Puolimatka: Usko, tiede ja evoluutio. Uusi Tie
Frank J. Tipler: The Physics of Christianity. Doubleday
Frank J. Tipler: The Physics of Immortality. Anchor Books

Uskontoa ei-tieteelliseksi selittäviä kirjoja:

John Allen Paulos: Irreligion. Hill and Wang
Richard Dawkins:, Jumalharha. Terra Cognita

USA:ssa on julkaistu runsaasti kirjallisuutta, joissa nykyajan luonnontieteen tuloksia tulkitaan uskonnon näkökulmasta. Näitä esitellään ja niiden ajatuksia kumotaan kirjassa
Mark Perakh: Unintelligent Design. Prometheus Books

Uskonnon, tieteen ja moraalin filosofiaa:

Timo Airaksinen: Moraalifilosofia. WSOY
Aristoteles: Metafysiikka, Fysiikka, Nikomakhoksen etiikka yms.
Gaudeamus
Daniel C. Dennett: Darwin's Dangerous Idea. A Touchstone Book
Daniel C. Dennett: Miten mieli toimii. WSOY
Daniel C. Dennett: Tietoisuuden selitys. Art House
Daniel C. Dennett: Lumous murtuu. Terra Cognita
Platon: Timaios, Valtio (Oava) yms.
Bertrand Russell: Länsimaisen filosofian historia I ja II. WSOY
Michael Shermer: The Science of Good & Evil. Times Books
Holger Thesleff: Platonin arvoitus. Gaudeamus

Tietokoneitten kehityksestä:

Martin Davies: Tietokoneen esihistoria Leibnizista Turingiin Art House
(sisältää selostuksen Turingin koneesta)
Julian Brown: Kvanttitietokone. Terra Cognita
Seth Lloyd: Programming the Universe. Vintage Books

Tieteen historiasta:

Raimo Lehti: Tanssi auringon ympäri (Pohjoinen, Oulu)
Sidereus Nuncius (Ursa), Leijonan häntä (Ursa), Sfairopoiia (Ursa)

John Gribbin: Science: A History. Penguin Books
John Henry The Scientific Revolution and the Origins of Modern Science.
Palgrave Macmillan
Maija Kallinen: Change and Stability: Natural Philosophy at the Academy
of Turku 1640-1713. Hakapaino Oy

David C. Lindberg: The Beginnings of Western Science. The University of Chicago Press
Paolo Rossi: Modernin tieteen synty Euroopassa. Vastapaino